从阅读走向诗意的远方

CONG YUEDU ZOUXIANG SHIYI DE YUANFANG

主编　陈　静

四川大學出版社
SICHUAN UNIVERSITY PRESS

图书在版编目（CIP）数据

从阅读走向诗意的远方 / 陈静主编. — 成都 : 四川大学出版社, 2024.4

（大成陶书 / 姚文忠主编）

ISBN 978-7-5690-6365-3

Ⅰ. ①从… Ⅱ. ①陈… Ⅲ. ①教育－文集 Ⅳ. ①G4-53

中国国家版本馆 CIP 数据核字（2023）第 188318 号

书　　名：从阅读走向诗意的远方
　　　　　Cong Yuedu Zouxiang Shiyi de Yuanfang
主　　编：陈　静
丛 书 名：大成陶书
丛书主编：姚文忠

丛书策划：曾　鑫
选题策划：曾　鑫
责任编辑：曾　鑫
责任校对：吴　丹
装帧设计：墨创文化
责任印制：王　炜

出版发行：四川大学出版社有限责任公司
　　　　　地址：成都市一环路南一段 24 号（610065）
　　　　　电话：（028）85408311（发行部）、85400276（总编室）
　　　　　电子邮箱：scupress@vip.163.com
　　　　　网址：https://press.scu.edu.cn
印前制作：四川胜翔数码印务设计有限公司
印刷装订：成都市新都华兴印务有限公司

成品尺寸：170mm×240mm
印　　张：16.25
字　　数：240 千字

版　　次：2024 年 4 月 第 1 版
印　　次：2024 年 4 月 第 1 次印刷
定　　价：72.00 元

扫码获取数字资源

四川大学出版社
微信公众号

《从阅读走向诗意的远方》编委会

序

从半亩方塘走向星辰大海

“从阅读走向诗意的远方”，是一句耳熟能详的话，但是用在四川大学西航港实验小学（以下简称川大西航实小）的书中另有一番深意，耐人寻味，引发一些美好的想象。

川大西航实小坐落在西南航空港经济开发区的核心区域，紧邻大学和中科院的研究所，所以被称为“大学怀抱中的小学”。学校对自己的发展远景和特色优势，具有深刻的认知和清晰的表达，“据地位优势，续人文血脉，扬治学精严”，高质量地落实“立德树人”根本任务。我的感悟是，川大西航实小犹如空中雄鹰从空港出发，翱翔蓝天，飞向远方，飞向世界，飞向未来。但是，川大西航实小不是一般的雄鹰，而是有着持续动能搏击长空之鹰。不竭的动能来自哪里？来自制度化、常态化、高质量的阅读。阅读犹如两只飞翼，带着孩子们飞向未来。这是一种意象，这一意象让川大西航实小显得大气，有大情怀、大气概、大胸怀、大格局。

主编陈静校长据此，凝练了学校育人的核心理念：阅读育人。他还鲜明地提出：“没有书香，不成校园”，“努力打造一个诗意殿堂，一座诗意栖居的书香示范学校”。他说的书香校园扎扎实实地站立在大地上，而雄鹰又飞翔在天上，一个天上、一个地上，相映成趣、相互呼应。我自然想起海德格尔关于诗意栖居大地的阐释：抽离大地，透过艰辛，来到半空之中，又得回到大地。陈静校长带领着全校师生，在阅读中向上飞扬、向下沉潜，将理想与现实融入阅读之中，又熔铸在师生生活中，听从远方的召唤，走向那遥远而迷人的地平线。

川大西航实小图书馆的名字又有着独特的意蕴，名为“半亩方塘”。“问渠哪得清如水，为有源头活水来”。陈静说：“从半亩地方塘出发，最终走向人生的星辰大海。”“半亩方塘”正是那飞向远方的永远不衰的动能之源。半亩不是一个物理概念，而是文化理念：小小一本书，不大的图书馆却是人生出发的地方，是向蓝天起飞的跑道。其实，川大西航实小就是一块“半亩方塘”，“半亩方糖”恰似无垠的天宇、无边的大海、无极的境界、无穷的能量，因而有无比的审美品格和精神力量。川大西航实小把阅读的价值意义阐释得如此宏大而深远。

阅读是个性化的、个别化的，我始终认为自由是阅读的最核心的理念和最高原则，以解放心灵为追求的川大西航实小鼓励教师和学生选择自己心爱的书、采用适合自己的方式来阅读。请看商远米老师的那篇文章《一只蟋蟀唱响的歌》，一个小男孩因为一只蟋蟀而获得从来未曾有过的童年快乐，最后他忍痛任由蟋蟀回到了自己的乡下，而自己则回到了当初孤独一人的状态。商老师由此发出了一连串的追问，尤其是这样的追问：“那么，我们的孩子，如何去得到一份这样的陪伴，一个有灵性的生命的陪伴，一个契合了心灵的陪伴？”追问引起了一场哲思：真正属于自己的生活究竟在哪里？追问也引发了一次预约的享受：“沉浸在爱与温馨里，感受内心溢出来的单纯的快乐，我愿就这么读着乐着下去，别无所求。”答案是：个人自由的阅读最不孤独，却是最大满足。

自由的阅读带来多样化的阅读方式和丰富的个性化表达。而所有的阅读，是把自己心灵奉献给孩子们。这本《从阅读走向诗意的远方》，一篇篇小文犹如从心田里流淌出来的意义之水，犹如一滴滴晶莹的露珠沾在玫瑰花瓣上，又串成珍珠项链。这本书里，一滴滴晶莹的露珠里闪亮着一颗颗爱孩子爱阅读爱生活的心。

这本书的辑名挺有意思："在阅读中看见""在启示下抵达""在恒途里思考""在行动中育化"。这是一个阅读的逻辑，显现了老师们阅读的进程。其实，每个教师的阅读绝不是单单存在哪一辑里，而是在不断地"看见""抵达""思考""行动"中持续提升，走向诗意的远方，这是一个持续的过程。其实，这个过程永远是个未完成时，好比向着地平线迈进，地平线不断后退，它却召唤我们不断向前、向前。

硅谷投资人，人工智能·语音识别和互联网搜索专家，畅销书作家吴军，专门讲述了阅读与写作。他说："如果一辈子只学一门课，那就应该是语文。"他又说："一个人如果学不好数学，还有办法回避矛盾……比如丘吉尔，虽然他对带括号的四则运算都算不清楚，但还是当了英国的财政大臣和首相。"当然，我们不能鄙薄数学，同样不能鄙薄所有的其他基础课，他只是言说语文、阅读、写作的重要性。而他将阅读和写作的意义及价值概括为八个字："理解他人、表达自己。"我不能说关于阅读和写作的意义和价值没有其他表达了，只是想说，吴军的认知概括不无道理，而且还很深刻。概括得越简洁，解释性就越强。我在读这本《从阅读走向诗意的远方》一书时，就有这样的感受。

我真想去川大西航实小走一趟，看看她的容颜，看看"半亩方塘"，看看"问渠课程"，与陈静聊一聊，与老师们漫谈一番，也许，那时我的感受更深刻更具体更鲜活。那时，我们会走在诗与远方的阅读之旅中，心里一片光亮，眼前一片美好。

国家督学、教育部基础教育课程改革专家、

江苏省教育科学研究院研究员

成尚荣

2024年1月7日

一所真正意义上的好学校

陶行知认为，学校的势力不小，他能教坏的变好，他能叫人做龙。这是学校教育化人育人的体现。正因为教育是“立国之本”，且关乎“国家兴衰”，所以，历代国家领导人、广大民众都十分重视教育。

好教育系在好学校，好学校系在好教师，对于学校教育的好，每个人都有不同的理解，但又大同小异。我们认为，一所真正意义上的好学校一定立足于我们国家的发展强大、我们民族的伟大复兴。对好学校提出了这样的要求，自然就需要这所学校及其师生有家国情怀、国际视野，从而为我们的国家培养出各项事业的出色建设人才。

好学校好在什么地方？好学校有着怎样的内涵？如何办出一所好学校？

好学校要有好的文化。这种文化是一种向前奋进的文化，学校师生共同生活，相互学习，有情感的交融，有精神的影响，它是互为一体的，不是传统意义上的教师教、学生学。在这个好学校里，学生向教师学习知识与经验，教师向学生学习永葆好奇心与探究心。这般好的文化能充溢着生命的温暖、人性的光辉。因为时时处处本着以人为本、以生为本的育人法则，和谐包容、精诚博爱的教育生态便会充满校园，这就是有温暖的教育。

好学校要有琅琅书声，要有自然景色。在经过了一天的德智体美劳的锻炼后，学生还有游戏的精神、探究的精神、实验的精神，并且还有读书的精神，学生是否有生命的朝气、有生命的活力，这从学生的琅琅书声中便可闻见。学校教育不是单独的教育，更不是独立的教育，我们要把学校教育放置到自然中、社会中，所以，好学校还要有绿树成荫、花团锦簇、鸟语花香、四季流芳、亭台楼阁、小桥流水……真正地让知识强健身心，让环境以美育人。

好学校要有好的教师。学校一定是把教师发展放在首要位置，以促进教师发展来助力学生和学校的发展。学校必须培养一支师德师风正、精神面貌好、专业发展优、教育情怀浓、职业幸福感强的教师队伍。

好学校要有丰富的课程内容、完善的课程体系。因为每个学生禀赋不同、专长不同、性格不同，我们必须开发设计足够完善的课程内容来满足学生多元的需求，这样才算做到了以学生为中心，以为学生生命赋能为中心，才算做到了因材施教，否则我们只是把优秀的学生、普通的学生、暂时落后的学生变成一类学生，这样的学校教育谈不上是好教育。我们要激发学生的个性，使学生主动学，就必须尽可能多地开设质量过硬的课程，让学生在优质的课程中充分发展。更为主要的是，还要让学生在学习各类课程中树立正确的人生观与价值观。

好学校一定会把教学质量视为学校的生命线。学校必须让课堂成为师生共同学习、探究知识、智慧展示、能力发展、情意交融、人性养育的殿堂，成为师生生命价值充分体现与提升的快乐场所。这所学校的课堂必须是以生为本、民主平等、氛围和谐、主动参与、共同探究、方法适当、知能并重、评价多元、会学爱学。

为了努力办成一所真正意义上的好学校，尽管我们做了如此多的努力，但还是不够，还有最重要的一点。

好学校一定要尊重生命主体需要，遵循生命生长规律。这所学校必须为每个生命创设生动活泼、充实丰富的文化环境和物质环境，促进每个生命健康、主动、和谐、全面发展，帮助每个人认识生命、欣赏生命、热爱生命、珍惜生命，并唤醒生命潜能，在提高生活能力的基础上提高生命质量。让生命质朴如树、温润如玉、灵动如水、绚丽如花，培养学子们彬彬有礼、阳光开朗、自信大方、勤奋好学等优秀品质。唯有如此，我们才能说这是一所真正意义上的好学校。

对于好学校的期盼，“学生喜欢、教师幸福、家长满意、社会认可”是重要的标准，我们会为办成这样的一所好学校而不懈努力！

四川大学西航港实验小学党总支书记

陈静

2024年2月1日

目　录

第一篇　在阅读中看见

第二篇 在启示下抵达

课堂内外

班级治理

教学探索

阅读视野

第三篇　在恒途里思考

第四篇　在行动中育化

第一篇

DIYIPIAN

在阅读中看见

一只蟋蟀唱响的歌

——读《时代广场的蟋蟀》有感

商远米

八年前，我带的那个班里的孩子，暑假过了就要读三年级了，《时代广场的蟋蟀》是我推荐给孩子们的暑期阅读书目之一，因为这是一本既适合孩子，也适合大人看的经典之作，全书充满爱和温馨。今年暑假，我在整理书籍的时候，与这本书又一次相遇。

时隔多年，我再次捧起这本书，潜下心来，一鼓作气地读了下去。静静地读完了，掩卷而思，我可以说些什么？当我的眼睛离开了那些文字，我的心里还留存一些什么呢？

一、一个男孩儿

玛利欧，一个在时代广场发现蟋蟀的男孩儿，从此与蟋蟀为伴，为它奔波，为它牺牲，也因为蟋蟀而获得从来不曾有过的童年的快乐，最后，他忍痛任由蟋蟀回了自己的乡下，而他，又回到了孤独一人的状态。这只蟋蟀于玛利欧而言，于那个时代的儿童而言，仅仅是一只宠物吗？蟋蟀代表着什么呢？一个孩子与自然的联系？一个生命孤独时的一份守护？一个幽闭的灵魂所渴望的自由？当男孩儿玛利欧放走了蟋蟀，重新回到了一个人的世界的时候，他还是当初的他吗？他的生命因为有过这一只蟋蟀的存在毕竟不一样了。一个短短的夏天，一段蟋蟀陪伴的生命时光，虽然逝去，但是曾经拥有的生命永远地留在了心里，化为一份珍贵的养料，滋养着男孩以后的生命。

“这只昆虫小心翼翼地把头朝着巧克力抬起来。它好像先嗅了嗅，然后才咬了一小口。当蟋蟀在他手里这么吃着的时候，玛利欧禁不住高兴得全身颤抖。”

那么，我们的孩子，如何去得到一份这样的陪伴，一个有灵性的生命的陪伴，一个契合了心灵的陪伴，让他去付出，让他去经历，让他去拥有和失去，让他在这陪伴中，在一心的付出中，在美丽的拥有与坦然的放手中，潜滋暗长了自己的生命？

二、一份友情

“我当然会把钱拿出来！不管我们鼠辈被人说成什么，但总不能把我塔克老鼠扯进去，说我守着这些世俗财产抵死不放吧？”塔克拿出多年积攒的两元钱赎回了蟋蟀柴斯特的自由。

老鼠塔克又代表着什么？一个热情殷切的朋友？一份可以作出自我牺牲而对朋友不遗余力的情谊？那是一份属于老鼠塔克与蟋蟀柴斯特之间的友情。这样的一份友情在昭示着我们什么呢？为什么它存在于完全异于人类的这样的动物之间？是否在人类汲汲于名利而独以自我为中心的时候，在动物的世界里，却存在着天然的合作与联系？

于动物而言，只为活着；于人类而言，多追求自我享乐。为自我思虑得多，便为他人所想的少，在面临利益选择的时候，私心也就多了。朋友之情在利益得失之间，分量变得轻了。老鼠塔克，是孩子的一个朋友。恐怕如今也只有孩子可以拥有得起这样一个朋友，因为他们可以像塔克一样为朋友而付出。孩子的幸福，远不是拥有大人的呵护，而是他们那颗纯净的心所追求的单纯的快乐，就像玛利欧只为拥有柴斯特。而作为大人，哪里还能从一只不能带来“好运”的蟋蟀那里获得快乐呢？

三、一场哲思

为什么人类从蟋蟀柴斯特的歌声中感受到了从来没有的美妙？

时代广场的人们每天都在为着生活而奔波，他们享受生活，享受音乐。为什么别的音乐难以平复他们焦虑的心？为什么蟋蟀的鸣声可以令所有的忙碌暂时停歇？仅仅因为那是来自自然的天籁之音？或许，那是在告诉我们，曾经从自然走入社会的我们已经离自己的家园渐行渐远了。我们将自己淹没在了匆匆的人潮中，焦灼困顿却不知所措。

蟋蟀的歌声，一只不小心从乡下误入都市的蟋蟀的歌声，唤回了我们生命中潜藏的关于生命原初的记忆——我们来自那里，来自那原始的粗犷的乡下原野，我们依然可以从那里获得力量，哪怕只是一点来自那里的声音，一点来自那里的气息，也将抚平我们澎湃的心潮，回归生命的宁静。

柴斯特是一个什么样的生命？它在对孩子诉说一些什么？

“误入尘网里”的蟋蟀柴斯特，是不是我们现代人的象征？我们不也从原本充满原野气息的源头开始一路追逐，为了世俗的理想追求，自小拼搏。我们没有蟋蟀的幸运，因而没有忽然之间的觉悟，我们陷于其中而不自觉，更没有想到可以像蟋蟀一样舍弃现有的生活，回归生命的原初。

或者，是我们知道有那样一种选择，但是，我们已不会作出正确的选择。我们担心的是失去什么，而再也不记得应该拥有什么。蟋蟀在想家的时候，毅然回了自己的乡下。我们困顿在尘世之中疲惫不堪时，却没有勇气舍弃。

生活于自己想要的生活中，孩子便如蟋蟀。而长大之后的我们，倒不如一只懂得守住自己家园的虫子了。

功成身退与其说是一份勇气，不如说是一份智慧。

蟋蟀柴斯特以自己的歌声征服了时代广场的所有听众，声名远播，俨然成了一位“大明星”。然而，他当即厌恶了那样的生活。他没有陶醉在自己从人类那里学来的歌声里，也没有陶醉在人类与伙伴的颂扬里，而只是——想家了。秋天到了，是一个虫子回归家园、回归静谧的时候了。他的心没有迷失，在第一片秋天的叶子降落到他跟前时，心发出了深切的呼唤。他没有迟疑，就在那晚，他想明白了自己的生命所需，在完成了最后一场演奏之后，他回家去了。身后，是时代广场，一个最繁华的地方。而他留给自己的伙伴玛利欧一家的，是出了名的报摊，是因他的演奏所带来的前所未有的销量，还有他那人人称道的演奏艺术、他的无与伦比的名声。

他选择在那样的时候离开，不需要有多大的勇气，而是他生命本来拥有的智慧——知道自己想要的是什么，知道什么是自己应该过的生活，知道生命的意义不在那光环下的辉煌，而只在乡下宁静的生活，过真正属于自己的生活。

四、一次愉悦的享受

读书，究竟为追求什么？我常想，为了我生命的生长，为了体会古往今来不同时空、不同人生的悲欢离合。然而，我常常忘掉那些崇高的理想。我只记得，每当我捧书的时候，尤其捧着一本好书的时候，心情随之跌宕起伏，有时开怀大笑愉悦之情溢于脸上，有时久久心痛神伤无声落泪不止。但是，更多时候，当我在窗前，在灯下翻开书页的时候，常常不知不觉莞尔。于是我知道，我读书，只为了享受读书的快乐。

读这本书，也是如此。

“监禁期有多少？”亨利问道。

“直到玛利欧把钱还回来为止。”柴斯特叹气说。

“这段时间你一直都不可以假释出狱吗？”塔克问道。

“不行！”柴斯特说，“反正谁也没有这笔假释金的。他们这么轻易就放过我，我已经感到很意外了。”

读这段话时，如果你知道这是一只猫、一只老鼠和一只蟋蟀的对话，你能不乐不可支吗？

沉浸在爱和温馨里，感受内心溢出来的单纯的快乐，我愿就这么读着乐着下去，别无所求。

以书为师，履方致远

——杂谈《谈美》

徐碧红

“卅载光阴弹指过，未应磨染是初心”，叶嘉莹先生将一生投入诗词，在诗词中诉尽悲欢离合，徜徉诗海寻找本真的生活。常人无法做到像叶先生那样的地步，但书本确实能带我们走出迷茫和困惑。朱光潜先生的《谈美》便是我那沉默的老师。

“心中印着美的意象，常受美的意象浸润，自然也可以少存些浊念”，当你有双发现美的眼睛时，生活处处是美，你反馈到周边环境的是积极向上，周围人、事、物反馈给自己的便是积极向上。工作中，难免遇到让自己难受委屈的事，也许是好心被人误解，也许是付出与收获不成正比，也许是家庭与工作的些许矛盾，心中难免有怨怼与戾气，调节自己才能更好前行。如何调节？心中要常有美的意象。或是品“斜阳独倚西楼，遥山恰对帘钩”的小诗，或是赏枝头那一抹新绿，或是看到陌生人迎面走过的一个淡淡微笑。越是心急，越要心静，心中有美，心中才有光。

美从狭义来看，是“无用”的东西，它不会带给你实际的利益，不会增加薪水，不会像美食那样有即时快感，但无用的东西也许是重要的东西。当你出门时，给亲人一个微笑，一天都有好心情；当遇到节日时，一个小小的礼物，一句暖心的话语，生活便充满了仪式感；当家里发生冲突时，只要大家都能好好说话，事情发展便不会走向极端。哪怕吃包子这么简单的事情，也会有截然不同的结果，我曾看到过这么一个案例：

场景一

男：一会儿吃包子吧！

女：就知道吃包子，吃包子，你不能换个花样吗？

男：那你想吃什么？

女：不知道！

男：算了，爱吃不吃。

场景二

男：一会儿吃包子不？

女：好啊，不过我今天不是太想吃包子。

男：那你想吃什么呢？我给你买。

女：先陪你买包子，再去买油条吧。

男：好啊，我们走吧。

生活离不开柴米油盐酱醋，琐碎的事情太多，心中则更需常怀美的意象，一件事情的爆发往往是无数件小事的累积，注重平时的细节，重视身边最亲近的人，珍惜当下你所忽视的点滴，当你回头看时，回忆是如此美丽，或许处于其中未能感知，但其实，现在就是最好的时光。

“竹篱瓜架旁的黄粱浊酒和朱门大厦中的山珍海味，在旁观者所看出来的滋味都比当局者亲口尝出来的好”，你艳羡，总觉得自己生活是那么平淡，比不得别人的山珍海味，没有身处其中，你怎能知道其中滋味？当然，心中有种积极向上的力，不断尝试新鲜的事物，促使生活越过越红火，那也便是种幸福了。

书是最廉价却最有价值的老师，一本好书凝聚的是一位思想有深度的人几年乃至一辈子的感受，你花费很短时间，读的却是人生。我喜欢“为你，千千万万遍”的《追风筝的人》，在感性的世界里流连，亦喜欢读读充满理性思考的《谈美》这样的书籍，它不能让你陷入故事情节无法自拔，却能在谈论间让你获得真知。我喜欢书中的至理之言“人要有出世的精神，才可以做入世的事业”，喜欢书中的循循善诱“大人者不失其赤子之心”，喜欢书中对文学作品的看法“不似则失其所以为诗，似则失其所以为我”。

“仁者见仁，智者见智”，从这本书信体的书中，我读到的不仅是生活的智慧，亦是理性的思维。朱光潜先生的这部作品，去读吧，可以体会他对自己美学生涯和美学思想的一次回顾和整理。

每个人都无法抗拒外界的影响，每个人都避免不了改变，每个人的心中总有处在黑暗的时期。有阅读，就有高质量的人生。流连书海，不应墨染；以书为师，履方致远！

心若向暖，安之若素

——读《我心光明》有感

徐碧红

想起月亮，自有一种静谧感，月光是朦胧的，人影是朦胧的，连同白日的记忆亦是朦胧的，天地间仿佛只有自己，心慢慢沉淀。横看成岭侧成峰，不同的人眼里自有不一样的月。《走月亮》中的月是童年美好的回忆，是和阿妈散步的愉悦。在《我心光明》中，林清玄看到的月却是迷思后感悟的哲理，“人人都认为月亮跟随自己，这是错觉；但当月亮伴随我们时，我们感受到月亮是唯一的，只为我照耀，这是真实”。看山不是山，看月不是月，我想，这大抵是文学家们独有的，在他们的眼中，一切事物都有着不同意蕴。

“月到天心，风来水面”，一读起这样的句子，整个人便沉浸了下来，如遇明月皎洁，洒满地面，似看清风拂过，漾起涟漪。林清玄用充满浓郁佛学智慧的语言带你进入心的世界，境随心转，有容乃大。

当我读到第四辑“自在平常”时，感触颇深，人生很复杂，适时做做减法，让自己变得单纯十分重要。当我们有一个茶壶一个茶杯时，饮用起来心情舒畅，当我们有好几个茶壶几十个茶杯时，我们不免想尝尝别人壶里的滋味。有人问：什么东西最好吃？饿便是最好吃的。生命至美，踩着斜阳回家很美，两三好友谈天说地很美，喝着母亲熬的排骨汤很美，生活本身就很美，我们追求的一切往往遮蔽了自己的眼睛，拨开多变的云层，便能看见湛蓝的天空。此刻，便是你人生中不会再有第二个的此刻了，珍惜此刻，感恩此刻。

林清玄对待过去所有的事，都有着一种不忘的本能，曾经有恩于他的，偶然一次会面启发过他的，甚至背弃他友情的人，他都不曾舍弃。工作的年头越是久，便越容易回忆起往事，并将往事中的思绪投射到当下的日子。我们不免想舍弃一些东西，拥抱全新的自己。但细细思考，人生的一切忧欢如果都被我们忘却，那么生活里还有什么情趣呢？因此，包容与豁达应长存心中。朋友交往，难免有摩擦，包容朋友犹如贝壳包容珍珠一样，让自己的血肉更柔软，彼此才能相互成就。工作之中，难免遇见让人愤愤不平的事情，宽容别人就是宽容自己。宽容的前提是接纳这个人所做的事，其次是理解他的行为，从而解开自己有意识或无意识的心结。喜悦是淡薄的，悲伤让人铭记，一颗包容与豁达的心，能让我们的心田开满清香的花。

“你若心怀光明，这世界就不会黑暗；你若心怀希望，这世界就不会彻底绝望”，修炼自己的心态，修炼自己的人生，在心里最深处，时时点着一盏灯，灯上写着两行字：昔日一切皆过，今日我心光明。

春有繁花秋有月，夏有绿荫冬有雪。心若向暖，安之若素。发现生活中的美，拥有生活中的美，让心底如黑夜破晓，充满温暖的光。

教育给我一双翅膀

——读《你当像鸟飞往你的山》有感

莫佳静

教育意味着获得不同的视角，理解不同的人、经历和历史。接受教育，但不要让你的教育僵化成傲慢。教育应该是你思想的拓展，同理心的深化，视野的开阔，它不应该使你的偏见变得更顽固。如果人们受过教育，他们应该变得不那么确定，而不是更确定。他们应该多听，少说。他们应该对差异满怀激情，热爱那些不同于他们的想法。

——塔拉·韦斯特弗，《福布斯杂志》访谈

遇见这本书，是在网上各大畅销排行榜上，它凭什么能这么畅销？我瞄了一眼简介：比尔·盖茨年度推荐书目第一；奇迹，一部新人处女作，上市一周即登上《纽约时报》畅销榜；年度最佳图书……呵，如果你爱逛书店，尤其是畅销书那一部分，相信这样的简介你一定没少见，充满了浓浓的商业气息，看了一下售价59元，我默默地把它加入了购物车。直到大概半月后买书凑单，才拥有了这本书。

作者塔拉1986年出生于美国爱达荷州的山区，17岁之前从未上过学，她努力自学，考取了杨百翰大学，2008年获得文学学士学位，随后获得盖茨剑桥大学奖学金，2009年获得剑桥大学哲学硕士学位，2010年赴哈佛访学，2014年获剑桥大学历史学博士学位。以上是作者简介，短短几行字，已勾起了我无限的好奇和阅读兴趣。17岁之前，她过的是什么样的生活？为什么没有去上学？是什么契机让她17岁之后去读了书？学习的开关一打开，短短五年，就以优异的成绩毕业并获得了剑桥奖学金？带着太多的好奇，我走近了年少的塔拉和她的家庭。

塔拉是家里最小的女儿，上有5个哥哥和1个姐姐，这7个孩子生活在同一个极端家庭中，有着相同的父母和同样的成长环境。父亲专制、偏执、狂躁，是个极端的摩门教徒，开了一家废料回收厂；母亲顺从、隐忍，对于塔拉被家暴的事情闭目塞听、置若罔闻，是一个助产士和草药师。在他们家，孩子们不允许去上学，父亲说学校是引导孩子远离上帝的阴谋；无论受多严重的伤也不送医院，只能用母亲自制的草药治疗或者硬抗；每天忙于储备食物、燃料、枪支弹药，时刻迎接父亲口中的世界末日；女孩子穿紧身衣、短裤，会被说成妓女；两次车祸、无数次受伤、爆炸、着火、脑袋开花，父亲却认为那是上帝的仁慈……除了这些，泰勒、奥黛丽和塔拉，还要受到来自哥哥肖恩的家庭暴力。肖恩暴躁、凶狠、人格分裂，是个病态的控制狂。塔拉无法忘记那一幕幕触目惊心的施暴场面：肖恩反扣塔拉的手，让她面朝马桶一次次哭喊着求饶，以至于塔拉每天都要把马桶擦得干干净净；在人来人往的加油站，让塔拉不雅地暴露在公众场合，还骂她妓女，只因为塔拉开始注意外表打扮自己……每次施暴后，肖恩又会来道歉，而塔拉一次次地欺骗自己，每次的哭泣和软弱，仅仅是因为暴力的疼痛，而不是因为其他，塔拉的心也开始慢慢地变得坚硬。

最初，孩子们都按照父母所灌输的方式生活，在厨房帮母亲过滤酊剂，在废料场帮父亲做废品分类。面对父亲的专制、肖恩的暴力、母亲的漠然，塔拉只能麻木地承受，靠自我欺骗生活。最先觉醒的是泰勒，他开始收集在废料场捡的学习用具，留下了一个留声机，这为他和塔拉带来了无数个有《圣经》唱诗做主题旋律的安宁美好的夜晚。他开始自学数学，阅读、写作，后来考上了大学，离开了这个令人窒息的家，之后鲜少和家里联系。他鼓励着塔拉，让她也准备大学入学考试，并且给塔拉补课。父亲发现塔拉想走之后，不停地给塔拉安排工作，甚至开始收塔拉住在家里的房租，一直到塔拉真的考上了杨百翰大学，并得到了去剑桥学习的奖学金，地方媒体对塔拉的故事进行了报道。家里的成员们觉得塔拉背叛了他们，背叛了他们的信仰。来自母亲、哥哥、姐姐、嫂子的邮件，无不像一把把钝拙的刀子，一次次地割裂着塔拉。她会在凌晨疯一般地奔跑到大街上，好像要逃离什么，可是又逃离不了。她无休止地看各种剧，不让自己休息，空下来。她甚至想过，放弃通过学习所得到的一切，放弃这一切，回到父母那个令人窒息的家庭。只因，如果她继续去学习，她将没有这个家了。

而这一切，最难的是塔拉重塑自我的过程。当她开始学习，她发现父母之前传递给她的好多信息都是错的。17岁之前的“三观”，在她上大学后的学习中，被一点点地割裂，之后她疯狂地学习，慢慢地补回来。她在雕刻的是她自己。这之间的怀疑、摇摆、迷茫、绝望、疼痛，大概只有她自己知道。当她知道父亲其实患有双相障碍心理疾病时，试图挽救过父亲；当她得知自己的姐姐奥黛丽也受到过肖恩的家暴时，试图和姐姐一起让家里人知道肖恩的真面目，可是父母选择了视而不见；当她也试图劝阻肖恩的女朋友不要答应肖恩求婚时，肖恩和他女朋友最后结婚了……好像，在她那故乡的山区，她的一切都太渺小，而父母和原有的一切又太强大了。后来，她选择了继续学习，和家里的联系也渐渐少了。

故事的最后，塔拉把那个16岁受伤的小女孩关在了心底，改头换面，接受了一个全新的自己。“你可以用很多说法来称呼这个自我：转变、蜕变、虚伪、背叛。而我称之为：教育。”

心中有片野荷塘

——读《俺是转学生》有感

李　瑜

“八月的野荷塘，夕阳西下时，它总是绯红了脸蛋”，刘堂文，一个小名叫“狗儿”的孩子，从小生活在这一片碧绿的塘边，夏天到来时，他像黑黝黝的泥鳅在塘里钻来钻去，他在这片野荷塘有着充满趣味的童年生活。

地震来了，他被迫转学到城里。哪怕城里有着高楼大厦，有乡下从未见过的事物，但他心中留恋的总是自己的家乡。当他来到一个陌生的地方的时候，当他心中有着巨大落差——“英俊潇洒的爸爸怎么会住在地下停车场一角——这间不足五平方米的黑屋子里”，当他四处环顾学校，发现没有一个认识的人时，他甚至感觉自己是一条可怜的流浪狗。

我想，书中的刘堂文其实就是千千万万个进城务工人员的孩子，就像我们班上的陆续转来的学生。最初的他们是羞涩的、封闭的，无论是多开朗的孩子，在转学时心里总会有着属于自己的小忧伤。

书中的刘堂文怀念那一片野荷塘，甚至会随着思绪嗅到田野里那熟悉的味道。尽管周围环境对于主人公而言是这样的陌生，书中的语言却是有着乡野之趣的，“他会怎么对付我——比摔跤，比吃蚱蜢，比爬树，比从两米高的树杈往下跳，还是比钻进野荷塘里憋气潜水？我不怕牛眼，就算他有天大的本领”。

他从被班上“四大金刚”盯上到“牛眼的眼里透出一种温柔的光，疤仔、糊涂和飞鸿满脸歉意”，只要你愿意融入一个新的集体，总会有契机的。其实每个人的心中都会有自己最为留恋的地方，正如刘堂文心中的那片野荷塘是那样的美，那样值得人留念。回忆是温暖的，当我们心中有属于自己的地方的时候，仿佛浑身充满了力量，只要我们愿意踏出脚步。逝去的东西终不会回来，但不忘记最初站立的地方，行进便有了方向。

我喜欢书中的主人公，调皮不失天真，伤心失望中不失向上生长的力量。我喜欢书中的描写，是那样的真实，《白桦林的低语》正是我们学过的，《花开有声》是班上同学一起做过的，每当看到这样的细节描写时，总会不自觉地想到真实的校园生活。

去读吧，去看看刘堂文心中的那片野荷塘究竟是什么样子的，去瞧一瞧书中对转学生有趣的校园生活的描写。野荷塘的孩子终会在大都市的槐树林茁壮成长，每个人都无法抗拒城市化的进程，每个人都避免不了改变。心中想着最初成长的那个地方，带着希望，无畏地大胆前行吧。

慢慢地陪着你走

——读《孩子，把你的手给我》

肖 敏

《孩子，把你的手给我》，我喜欢这本书，也喜欢书中这句话。海姆·G.吉诺特的文笔是那样细腻，给了我无限感动，让我受益匪浅。父母可以帮助孩子成为一个品质高洁的人，一个有着怜悯心、敢于承担责任和义务的人。光有爱是不够的，仅凭洞察力也不足以胜任，好的父母需要技巧，如何获得并使用这些技巧就是这本书的主要内容。

父母们都在寻找教孩子有责任感的方法。在许多家庭里，父母希望通过日常琐事来找到这个问题的解决方法，如倒垃圾、做饭、洗碗，等等，父母相信这些行为对培养孩子的责任感是有效的。而事实上，这些日常琐事尽管对持家很重要，但是对培养责任感并没有积极的影响。相反，在有的家庭，这些日常差事还会导致每天的争吵，给孩子和父母都带来苦恼和愤怒。如果强制让孩子做这些日常家务，结果可能会是孩子顺从了，家里更干净了，但是，对孩子性格的塑造可能起到反作用。我认为责任感不可以强加给孩子，只能从内心产生，从家庭和社区中慢慢培养和指导。

孩子的责任感始于父母的态度和技巧。态度是说孩子们有自己的情绪，技巧讲的是父母向孩子示范处理情绪的可以接受的方法。父母往往没有充分准备好如何处理孩子的感情问题，他们自己也不知道如何处理强烈的情绪。强烈的感情不能被否定，无法讲道理，也不能不切实际地空谈。它们的力量必须得到认可，必须重视它们，要机智地转移它们的方向。通过这样的疏导，强烈的感情才可能成为我们生活的兴奋剂，给我们的生活带来轻松和欢乐。

我们如何意识到孩子的所想、所感呢？孩子会给我们提供线索。他们的情绪会通过它们的言辞、语气、手势、姿态流露出来，我们要做的就是用耳朵去听，用眼睛去看，用心去感受。既然我们要关心孩子的情绪，我们就应该避免那些只能带来厌恶的评论。留神倾听孩子说话的父母，传达给孩子的信息是：他们的观点和想法是有价值的，是受到重视的。这样的重视会带给孩子自尊。个人价值得到承认的感觉会让孩子更有效地处理好身边的人和事。

父母应该自觉避免使用那些会导致怨恨和厌恶的言辞及评论。在遇到麻烦时，父母表达出自己的感受和想法，而不攻击孩子的人品和尊严，这样会有效得多。父母带着敏感的心倾听孩子的话，努力理解孩子的观点，不再说一些尖酸刻薄的话语，能够不带辱骂地反映孩子的感受和需要，当父母这样做时，孩子的内心就会开始发生变化。这些变化不是在一夜之间就会发生的，但是努力最终会获得回报。

读完这本书，我反思自我。作为一名妈妈，在教育孩子时，有时会很生气，有时也会大声训斥。我重新拾起《孩子，把你的手给我》，细细品读。我觉得教育不是赛跑，教育孩子应当慢慢来，多给孩子一点时间，多给孩子一点耐心，用心欣赏孩子成长的每一个细节，享受孩子一朝一夕的变化，陪着孩子，慢慢地走！

生而为师　一生为师

——读《岁月如歌》有感

代雨弟

与其说我做了一辈子教师，不如说我一辈子学做教师。

——于漪

这个暑假，在刘旭老师的倾情推荐下，我捧起了于漪老师的回忆录著作《岁月如歌》，品读完于漪老师的作品，合上书页，心里有了一些思考。

逆境是人生成长的拐点。于漪在很小时，肺结核就夺走了她父亲的生命，本就拮据的家庭无法负担五个孩子的生活，幸而，于漪在江苏教育学院附属师范学校招生时被成功录取。在于漪的青春年华，她失去了最爱的亲人。童年的美好快乐被炮火打得烟消云散。在这样的环境中，她并未随波逐流，放弃自己，而是坚定地走向求学之路。

巴尔扎克曾说："苦难是人生的老师。"通过苦难走向欢乐。也许现在的我们，没有经历于漪的种种苦难，这让我们有更多的时间、精力去充盈自己，为踏上未知的旅途而准备。

清醒定位，踏实前进。在师资力量缺乏的时代，初为人师，找准自己的定位，走好每一步是很关键的。备课成为前进路上最坚实的垫脚石。于漪老师对于备课这样说：每备一篇课文，总是要花上10～20个小时，查清楚时代背景，推敲词句，厘清作者思路。还要弄清三个问题：这篇文章写什么？怎么写的？为什么这样写而不那样写？

初登讲台的我，心里直犯嘀咕：我真的能胜任这个职务吗？我真的能教好学生吗？我真的能成为一名合格的教师吗？在这里我找到了答案：备好课，认真地备课，将要讲解的内容烂熟于心，在心里做出各种预设。长此以往，我们也许不能成为一名优秀的教师，但是至少是一名合格的教师。

享受读书之乐。《学记》上说："时过然后学，则勤苦而难成。"于漪老师将之奉为教学路上帮助孩子们学习的好助手，总是激励孩子们多读书。同时，她也继续博览群书，读"二十四史"明智，读古诗词怡情。在课堂上于漪老师用生动的课堂语言"黏住学生"，让孩子们喜欢课堂、爱上课堂、爱上读书。

生而为师，一辈子学做教师。"一辈子学做教师"蕴藏着于老师豁达的胸襟，谦逊的为人。于漪老师任教数十年，是育人的一代师表，教改的一面旗帜，可是却依然很谦卑地说："愿一辈子学做教师。"

百年大计，教育为本，教育大计，教师为本。于漪老师的从教经历、心路历程、经验成就和思想成果不仅成为教育系统的宝贵财富，同样也成了我们每一位教师必修的教材。我再一次认真阅读了于漪老师的《岁月如歌》，不断激励自己在今后的工作道路上努力奋进。

把整个心灵献给孩子

——读《把整个心灵献给孩子》有感

郑春红

《把整个心灵献给孩子》成书于苏联的卫国战争之后，当时出现了很多困难儿童，苏霍姆林斯基想让这些儿童感受到温暖，想让儿童得到来自社会各界的帮助和关爱，因此必须对他们进行真正合理的教育。书中多次强调大自然在学校教育中的重要作用，苏霍姆林斯基借助大自然的力量给儿童一个“蓝天下的快乐学校”。每个儿童都有幻想、会编故事、会唱歌，每个儿童都是画家，儿童的心灵潜藏着巨大的生命创造力。苏霍姆林斯基在与一个班级的孩子朝夕相处的过程中，把自己的全部身心奉献给了每一个孩子，还给孩子们一个快乐的童年。苏霍姆林斯基将学校教育的内容分为德、智、体、美、劳五大领域，自然教育贯穿其中。

一、德育

儿童在与大自然接触的过程中，与大自然相互影响，形成道德观念，使道德行为成为习惯和修养。苏霍姆林斯基教育儿童爱护小动物，和儿童们一起创立了“小鸟医院”，为受伤的小鸟治疗，给无家可归的山雀和小兔安家、喂食，同时让孩子们懂得欣赏和爱护花草树木，让小树苗在儿童的照顾下长大，让他们在建造、创作、确定生命和美的过程中唤起内心深处善良的情感。同时，道德观念和习惯都跟情感紧密相连。一个人的易感性和同情心应该在童年形成。儿童是社会中的人，苏霍姆林斯基把儿童看作是未来的公民，希望他们能用自己的双手为他人创造幸福和快乐。苏霍姆林斯基经常带孩子们去陪伴孤独的安德列依老爷爷，孩子们的到来让老爷爷得到许多安慰，渐渐地，孩子们越来越会体察他人的心境、情绪和情感了，他们能和他人分享快乐，同情他人的不幸，分担他人的忧愁。他们这种善意的情感在童年期形成并稳定于内心之中，便会懂得最大的快乐就是出于对人的关怀，从而感受到激动人心的快乐。

二、智育

当知识和积极的活动紧密联系在一起的时候，学习才能成为孩子精神生活的一部分，这是苏霍姆林斯基一直坚信的教育原则。不了解儿童的智力发展，不了解儿童的思维、兴趣、爱好、才能、禀赋、倾向，就谈不上教育。儿童的思维是具体、形象的，因此思维过程应当尽可能密切地与周围世界中生动、鲜明、直观的事物相联系。课堂上给儿童灌输成堆的知识，只会慢慢地消磨儿童的求知欲和好奇心。苏霍姆林斯基带领儿童在蓝天下的学校上课，大自然的一切直观的现实形象就摆在儿童面前，儿童能看得见、听得到、摸得着，儿童就会自己思考，想象，同时激发他们想要继续探索下去的激情和无限的好奇心。苏霍姆林斯基在儿童还没打开书本按音节读一个词之前，先让他们好好地读一读大自然这本书。接下来，对于读和写，苏霍姆林斯基不要求孩子们必须学会或者记住多少单词，孩子们看到大自然的美妙的事物时，感受到事物所对应的词不仅仅是一个标记，还包含情感色彩。重要的是，词语表达的事物的美，引起孩子们对字母的兴趣，孩子们觉得识字是生活中非常有趣的一部分。在智力发展的过程中，儿童面对着生动形象的大自然，学会了思考和想象，自然而然地获取了知识。

三、体育

合理的作息制度、符合要求的营养、身体的锻炼，这一切可以让孩子有一个健康的身体，赋予他欣赏周围世界美的幸福。有些父母溺爱孩子，苏霍姆林斯基说服每位父母相信，越是护着孩子，孩子的身体就越虚弱。苏霍姆林斯基让儿童在夏天赤着脚去上学，春季和夏天整天都在室外活动，秋冬季节也会开窗通风，让儿童呼吸新鲜空气。他还和儿童一起种植果蔬，让儿童在劳动的过程中得到锻炼，并且每个季节都能补充需要的维生素。苏霍姆林斯基认为，没有疲倦就没有健康，他经常带着孩子们步行，而孩子们是很乐意步行的，因为孩子们会感觉自己是世界的发现者，所以不用规定走多少公里，孩子们在不知不觉中就得到了锻炼。回家后，饥饿使得孩子们不再挑食，能够好好地吃饭，身体也就越来越健康。同时，苏霍姆林斯基关注着儿童精神的健康，每个孩子成长的环境不一样，对于心灵受过创伤的儿童，要予以特别关注，但不能让儿童感觉到自己被区别对待，要在学校生活中通过改变生活方式激发儿童乐观的情绪。

四、美育

苏霍姆林斯基认为整个教育体系的目的就是使学校教会人在美的世界中生活，使美的世界能在人的身上创造美。苏霍姆林斯基带着儿童每天去户外活动，欣赏自然之美，引导儿童自由作画，实现创作之美，创作是每个孩子个人独特性的一种自我显示和自我肯定，可以揭开儿童心灵中沉睡着的善良情感的那些隐秘的角落。儿童在美的环境中聆听乐曲，感受旋律之美，他们能从乐声中领略到人在情感上的多种多样的细微变化，从而提高自己的文化修养水平。苏霍姆林斯基引导儿童锻炼身体、劳作，儿童体验到劳动之美，从而了解到劳动人民的不易和生活的不易，在过程中产生对自我的价值肯定和对他人的关怀，形成道德之美。当孩子们在校园里第一次因为采摘花朵而欣赏不到美丽的风景产生愧疚时，他们便懂得了珍惜美、爱护美，从而达到使儿童能发现美、欣赏美、创造美的教育目的。

五、劳动教育

教育的任务是让儿童的周围不仅有自然世界，而且也有劳动、创造、建设的世界，人的美在劳动中显现得最明显。苏霍姆林斯基先带着孩子们去参观农庄，看看大人们是怎样劳动的，从而体会到自己父母劳动时的辛苦，劳动者的美让孩子们为之赞叹。接着孩子们去参观了铸造车间、拖拉机站等地方，他们对以前见过的事物有了新的看法，在心里对劳动人民产生了深深的尊敬之情。接着，苏霍姆林斯基带着孩子们自己种植花草树木，建设属于自己的果园，并将收获的果实与他人分享。看人怎样为他人劳动，就能看出他的人性。苏霍姆林斯基希望儿童不仅仅为大自然美好的事物感到幸福，也能为祖国、为社会、为人服务而感到欢欣雀跃。每一个年级的儿童都有属于自己的劳动园地，让劳动也伴随着孩子们成长。

六、对现代教育的启示

（一）全面了解孩子是教育的基础

“不了解孩子——不了解他的智力发展，他的思维、兴趣、才能、禀赋、倾向，就谈不上教育。”苏霍姆林斯基在带孩子们进入快乐学校之前，先了解了每一个孩子的家庭情况。儿童是在怎样的环境中成长的，家庭氛围和家人之间的相处方式对儿童的发展有很大影响。父母对孩子的教育方式影响儿童个性的形成，例如有些父母特别溺爱孩子，对孩子有求必应，有些父母则是对孩子不管不问，对孩子缺乏关注，长此以往，会造成各种心理问题，从而反映在儿童的行为上。教师能了解儿童每天所处的环境，及时发现问题，便于更好地与家长沟通，共同处理问题。

（二）让孩子到大自然中去学习和思考

苏霍姆林斯基说过：“儿童就其天性来讲，是富有探索精神的探索者，是世界的发现者。”所以，根据儿童的年龄、心理特征，应该培养他们探索、创新的品质。苏霍姆林斯基让儿童读的第一本书是“大自然”。对儿童智力的培养需要让儿童对事物有直观的印象，所以大自然是儿童智慧的源泉。但是大自然不可能自发地发展儿童的能力、培养他们的理智、丰富他们的思维，不经过劳动就不能发现大自然的奥秘。当儿童看到了具体的形象以后就会进行想象，然后在自己的头脑中塑造这个形象，从而进行思考和创造。同时，儿童越接近大自然和周围世界，语言也就越丰富生动。儿童对大自然的观察和亲身体验，以及大自然对儿童想象力的激发，让儿童的语言更加贴切。苏霍姆林斯基也将童话和幻想看作是一把打开语言和思想源泉的钥匙，儿童在编写童话的过程中发现美，发展语言和思维，帮助儿童赋予大自然以生命。

（三）让学习成为精神生活的一部分

无论是教还是学，都应该在丰富的精神生活的环境中进行。丰富的精神生活环境能使学生的精神志向变得纯洁、高尚，使他们具有刻苦钻研精神和对知识的强烈欲望。苏霍姆林斯基说过："努力使学习成为丰富多彩的精神生活的一部分，这样的精神生活才有助于儿童的发展，有助于丰富他的才智。"师生之间的互动就是知识的交流，也是情感和道德的交织。学习并不是死记硬背，而是要儿童在轻松、美、幻想和创造的世界中进行朝气蓬勃的智力活动，成为这个世界中的旅行者、发现者和观察者。因此，不要让儿童仅仅为了明天掌握知识做准备，而是今天就要过着丰富多彩的精神生活；不要让过量的知识如潮水般涌向儿童；让孩子在脑力劳动中感受到困难，然后体验克服困难后的快乐和成就感，从而激发他们的自尊心和自豪感。同时，我们也要明白，只有符合儿童智力、情感和审美发展水平并且又能促进其进一步发展的东西，才能进入儿童的精神世界。当过去获得的认知正在变成改造世界的手段时，儿童便开始了创造。

匠心筑梦，砥砺前行

——读《教师喜爱的36堂名师语文课》有感

田 瑞

语文怎么教，语文课怎么上，一直是青年教师关注的问题。想知道如何上好语文课，最快的方法便是向优秀的前辈学习。

这本《教师喜爱的36堂名师语文课》的主编者是吴春来。他是湖南省永州市语文教研员，湖南科技学院外聘教师，在农村支教期间担任永州市东安县凡龙圩学校第一校长，还是《语文教学通讯（高中刊）》封面人物，湖南省第二批教师培训师培养对象。他先后在《语文教学通讯（高中刊）》《语文建设》《中学语文教学参考》发表专业论文40余篇，著有《十年非常语文梦：孤舟话语》和《发现语文》（入选2018年度“影响教师的100本书”）。

由他主编的这本书，精选了薛法根、余映潮、王君、贾志敏、董一菲、王崧舟等36位名师的典型课例，重点部分有详细的师生互动课堂实录和精彩的评论。36篇经典课例，从小学、初中到高中，涉及散文、小说、说明及说理、诗歌、写作、整本书阅读六个方面，给予一线教师全方位的案例示范。吴春来老师以一线教师的视角，基于学习和教学实践的需求，剖析36堂名师堂课的精妙之处，提炼好学易用的技巧，切中教师的痛点。让一线教师不禁感叹：原来语文课可以这样上！原来语文课可以这样评！

一、朗读是语文的基础

陈忠樑先生在《回归自然　互换宁静》中说："语文课堂上，不能没有琅琅书声。在教学中，应用足课本中的范例，通过诵读让学生在头脑中建立起相当数字量、词语的语文模型，确保摄入的是语文材料中的绿色食品。"不论是陈忠樑，还是余映潮，都很注重朗读诗歌与散文的作用。朗读不是对文字简单拙劣的表达，而是培养学生语感、形成阅读能力极为重要的途径。诗文学习尤其重视诵读，反复诵读，才能体会到古典诗词的意境和韵味。任何学段，都应该重视多种形式的读——快读、默读、齐读、示范读、对比读等才能达到体会感情、体会思想、读出韵味的目的。

二、巧用过渡语

每一节课，都有巧设的问题和板块，而每个问题和板块间的过渡，十分重要。在这36堂名师语文课中，每一位教师的课，过渡语都十分精彩、连贯，把上下文自然地串联在一起。但是尤其难得的是，教师能够预设学生给出的多个角度的回答，并且自然地过渡到自己的教学中，即使学生没有回答到自己想要的答案，教师们也会引导到重点问题的探究上，懂得循循善诱，"活"教，"活"学。流畅自然的过渡语设计和过渡处的组织教学，让整堂课像电影放映一般，行云流水。

三、抓关键，进行语言训练

钱梦龙先生说："阅读教学就是以文本为凭借的语言训练。"

我们以黄厚江老师执教的《装在套子里的人》为例，如，让学生看书概括，"用恰当的词语给他的'爱情故事'加一个修饰语"，让学生写在纸条上，然后比较学生写出的几个具有代表性意见："耐人寻味的""滑稽的""可悲的""可笑的""离奇的""昏了头的""漫画式的""可怜的"，等等。黄老师让学生说哪一个最好，哪一个不够好。黄老师引导学生通过排除法、比较分析法，一步步找到最好的答案，通过理解"这样一个漫画式的爱情”，为深入分析人物命运，挖掘小说主题做了很好的铺垫。黄老师的课，以语言为核心，以探究引导为主要形式，以提高学生语言素养为根本目的，能够返璞归真，真正悟出了语文的“味”了。

在说明文教学中进行言语训练也是很重要的事情。赵志祥老师在执教《鲸》这篇课文的最后环节时，先请学生看鲸的动态画面，问学生：“帅不帅？”接着，赵老师抛出下一个问题，“光凭这一高难度动作，就该给它起一个好名字。”学生取名“海洋中的田亮”，赵老师回答：“想象丰富！”学生取名“朝阳下的睡美人”，赵老师评价道：“应该是‘朝阳下的懒美人’！”引来一阵阵笑声；学生取名“老态龙钟”，赵老师立马回答：“攻击本团长？”学生又笑……师生互动过程趣味十足，在轻松的氛围中，最大限度地调动了学生的思维，完成了精彩的语言训练。

青年教师的专业成长，离不开对经典课例的揣摩和模仿。吴春来先生主编的这36堂教师最喜欢的名师语文课，在很多课堂实录中，处处可以成为青年教学学习的方向：设计精巧、课堂精致、教学精妙、活动精彩……我们还要反复读，反复思考和揣摩！

一定要和孩子谈谈“钱”

——读《反溺爱》有感

余　洁

教育家默克尔曾说过：“金钱教育是人生的必修课，是儿童教育的重心，就如同金钱是家庭的重心一样。”我这几年带高年级学生较多，时常接到家长的电话：“老师，怎么办啊？我孩子一天变着花样地问我要钱，这个月零零散散都给了好几百了。”“老师，我儿子上周末哄他奶奶在网上又为游戏充了200元钱。”“老师，不怕你笑话，我怀疑我女儿偷拿了家里的钱，你帮我打听一下……”其实，这些现象并不是个例，孩子挥金如土的社会新闻也层出不穷：青春期的孩子迷上打赏主播，花光父母的积蓄；有孩子“抽盲盒”上瘾，甚至偷家里的钱；还有的大学生为了满足自己的各种欲望，借校园贷，甚至被犯罪分子引诱，走上违法道路。为了能更好地给家长朋友一些可行性的建议，也为了能给自己的儿子建立良好的金钱观，在好友的推荐下，我利用假期的时间读了罗恩·利伯的《反溺爱》这本书，收获颇多。

罗恩·利伯的《反溺爱》虽然没有赫赫有名的《富爸爸，穷爸爸》那么家喻户晓，但也是一部相当不错的作品。从内容上来说，更加全面和系统。本书共制定了九个关于金钱教育的课程：1.如何让孩子从小建立起对金钱的认识；2.家长如何开始和孩子谈钱；3.为什么要给孩子零用钱，如何给；4.如何正确引导孩子支配他们的零花钱；5.如何改变孩子对物质的看法，避免孩子产生物质主义；6.如果我们想让孩子学习慷慨就必须告诉他捐献的重要性；7.教育孩子必须工作的重要性；8.如何培养孩子感恩、知足、乐观的心态；9.引导孩子学会如何取舍，正确培养自控能力。作者在书中引用了许多真实案例，告诉我们如何为孩子建立正确的价值观，我们今后无论是在财商亲子教育上，还是在自我金钱价值观的完善上，都有了一个有章可循的思路与方法。

虽然有着中外环境的差异，我仍然觉得此书让我受益匪浅。读了本书后，结合工作生活中的实例，我首先认清了很多中国父母在面对孩子要零用钱时一些错误的行为。

一、有求必应，予取予求。现代社会，随着物质生活的充裕，很多家长不愿意让孩子吃自己小时候没有钱用的苦，对孩子零用钱的要求总是尽量满足。但是，太容易得来的往往不珍惜，欲望只会越来越膨胀，父母的溺爱和有求必应只会养出大手大脚、自私自利、不知感恩的孩子。

二、屡次拒绝，故意哭穷。面对孩子要零用钱时，有些家长会强硬拒绝，觉得孩子不愁吃穿，拿钱来干什么。还有些家长有意培养孩子勤俭节约的习惯，拒绝给孩子零用钱，其实这也是另一个极端。拒绝给孩子零用钱就是拒绝孩子的内心需求，久而久之，孩子可能适得其反，变得对金钱斤斤计较，性格敏感自卑，就是心理上的“贫穷”，这对孩子的未来是影响巨大的。

三、零用钱和学习、家务挂钩。有一些父母，担心孩子养成不劳而获的习惯，也为了让孩子好好学习、承担家务，于是制定了各种金钱奖励制度。但这种奖励，反而会挫伤孩子的责任心和自驱力。时间久了，就可能出现，没有奖励，孩子就不主动学习、做家务。这种拿钱来衡量一切的行为，也会在无形中让孩子事事朝“钱”看，变得拜金又冷漠。

那么，对于给孩子零用钱，怎么做才是正确的呢？通过阅读，我也有了自己的心得体会。

首先，给孩子定额的零用钱。给孩子零花钱的数额，可以根据家庭情况和孩子具体花销来定。小学生一般一月20至50块钱（低年级孩子也可以一周给一次），足够他们买一些喜欢的文具和小零食、小东西了。当然，给了零用钱，很多东西父母就不会再付钱买了，这样做是要让孩子学会取舍和忍耐，节制欲望。

其次，教导孩子做好钱财规划。给了孩子定额的零用钱后，要制定使用细则。例如，支出要做好记录；有的物品永远不能购买（香烟、毒品等）；每月要有10%至20%的零用钱用于储蓄，以备今后有比较大额的需求等。这样，孩子就可以通过预算和积攒来实现自己较高的消费需求，提升自控力，形成正确的消费观。

当然，对孩子的金钱教育不是一蹴而就的，也需要根据年龄和时机循序渐进。我们教孩子管理金钱，其实很大程度上就是教孩子管理自己。我们和孩子谈钱，更重要的作用是：帮助孩子学会管理自己的欲望，塑造健康良好的价值观，避免孩子被过多的欲望挟持，变成金钱的奴隶。我们教育孩子的时间不会很长，希望我们都能时常和孩子谈谈金钱。祝愿我们的孩子在我们的教育下能学会“取之有道、视之有度、用之有节”，一生不为钱所困，快乐且自由！

褪去暴力，爱将自然流露

——读《非暴力沟通》有感

夏　瑶

我去年参加了成都市学校心理辅导员B证培训，听了一位老师讲《非暴力沟通》，学到了很多，自己买了这本书来学习，收获颇多。《非暴力沟通》的作者马歇尔·卢森堡博士发现了一种沟通方式，依照它来谈话和聆听，能使人们情意相通，和谐相处，这就是著名的“非暴力沟通”。非暴力沟通能够疗愈内心深处的隐秘伤痛，超越个人心智和情感的局限性，突破那些引发愤怒、沮丧、焦虑等负面情绪的思维方式，用不带伤害的方式化解人际冲突，教人学会建立和谐的生命体验。

感恩生命、热爱生活，爱与感恩是非暴力沟通的灵魂。因为有爱，因为懂得感恩，所以去做。非暴力沟通可以引领我们改变与他人沟通的方式。沟通时，我们给他人的观点或反馈不应该再是间接的条件反射，而应该是建立在客观观察的基础之上。不带评论的观察是人类智力的最高形式。在沟通时，我们应该准确把握特有的沟通情景，并留意所发生的事情——我们观察到的结果。不论我们是否喜欢，只需说出观察的客观结果。

在观察的过程中尤其需要注意区分观察和评论，因为如果将观察和评论混为一谈，人们将更多地听到批评。非暴力沟通并非要求我们做到绝对的客观，不能进行评论，而是说，将观察和评论进行区分是重要的。

一、尊重人性，倾听心灵的声音

出于尊重他人以及尊重自己的需要，我们应该学会努力体会别人的感受并且勇于表达自己的感受。他人的行为也许会刺激我们，但是我们感受的根源在于自己，是我们的需求和对他人的看法导致了感受。

二、需求，生命健康成长的要素

一种要素是否被当作需求，关键在于它能否促进生命的健康成长，准确地表达并理解需求可以有效地提高沟通的质量和生活的档次。明确了观察的结果，了解了感受，那么就要去揣摩他人的需求，并明确自己的需求。

三、自身的需求产生请求

提出请求时，别人所理解的并不一定是我们想表达的，为了避免误会，提出的请求应该是清晰的、具体的，并且请对方反馈信息以确定对方是否准确地理解了我们。

放下自己的想法与判断，倾听他人内心的声音，体会感受，找到需求，准确地理解并引导，达成与自己和他人的有效沟通。

爱与感恩主导着非暴力生活，这样的生活中充满了尊重、理解、欣赏、慈悲等，将贪婪、憎恨、敌意彻底赶出去。我们必须为自己的行为负责，世界上没有那么多“不得不”的事情，更多的时候“不得不”只是一个看似很完美实则很拙劣的借口。

“我深信，出于对生命纯洁的爱而不是出于恐惧、内疚、羞愧、职责或义务来选择生活，是爱自己的重要体现。”人的悲哀就在于——只有到失去的那一刻，才发现自己拥有了很多。非暴力沟通的目的是“帮助我们在诚实和倾听的基础上与人联系。使用非暴力沟通时我们希望人们的改变和行动是出于对生命的爱”。爱和感恩是非暴力沟通的灵魂，贯穿始终，是其源泉亦是其终结，是其动机亦是其目的。“如果我们只是想改变别人，以使他们的行动符合我们的利益，那么，非暴力沟通并不是适当的工具。”因为动机错了，目的也不对。

作为一个遵纪守法的人，也许我们从来没有想过和“暴力”扯上关系。不过如果稍微留意一下现实生活中的谈话方式，并且用心体会各种谈话方式带给我们的不同感受，我们一定会发现，有些话确实伤人。言语上的指责、嘲讽、否定、说教以及任意打断、拒不回应、随意出口的评价和结论给我们带来的情感和精神上的创伤，甚至比肉体的伤害更加令人痛苦。这些无心或有意的语言暴力让人与人变得冷漠、隔膜、敌视。

我觉得书中的非暴力沟通方式很强大，这种沟通方式的观察、感受、需要、请求这四个要素，不仅是用于倾听，而且用于表达。这四个过程可以概括为两大步，也是催眠中的两个大原则：跟随和引导。观察和感受属于跟随，需要和请求属于引导。在这种方式下，我们的心就变得无比的平静和顺从。很多厉害的沟通高手，比如心理咨询师、谈判专家、催眠师日用而不自知。书里讲到的这种沟通模式对我触动很大，让我恍然大悟。对于咨询过程中的问答，我一直找不到合适的指导的书籍，有关书籍要不讲得事无巨细，显得杂乱无章，要不就笼统得让人不着边际。而这本书让我醍醐灌顶。

这本书所讲的沟通方式，会让我们彼此感受到对方的需要，感受到对方的爱，会让我们彼此消除误会，化解敌意，让我们相互包容和接纳、互助和友爱。

《涉江》中屈原的孤独感

——读《涉江》有感

周　敏

《涉江》，是屈原孤独的哀叹。

这篇作品首先体现的是屈原的社会孤独感。

“世溷浊而莫余知兮，吾方高驰而不顾。”这世间充满浑浊之气，没人能看得清，没人能明白他，这清白之躯怎能受这浑浊之气沾染呢？他要逃离这里，于是他往前飞快奔驰，头也不回。为何不回头呢？这毕竟是生养他的地方，是他的家乡，是他充满回忆的地方，他为什么在可能再也回不来时，仍不回头看它一眼，反而飞快向前呢？是冷漠吗？是怨恨吗？因为这地方“溷浊”而“莫余知”，所以“不顾”吗？这里的“不顾”实是“不忍顾”，怕一顾“留恋”，二顾“留泪”，三顾“留步”。屈原的心中是哀而不舍的，因此快步离开，绝不回头，斩断自己徘徊的机会，因为这是君令他走，他不得不走。何以看出呢？“乘鄂渚而反顾兮，欸秋冬之绪风。”因为他前面离得近时是“不顾”，最终走远后，还是“反顾”了。“不顾”到“反顾”，终是不忍不顾。一边回头望，一边感叹凄楚的余风，哪里是风凄楚呢？分明就是他的内心充满了凄楚，但他不能表现出来，于是借这风来抒发了。

除了当时屈原在郢都充满了孤独感，他对流放之地也是充满孤独感的。“哀南夷之莫吾知兮，旦余济乎江湘。”他要去一个完全陌生的地方，不免暗暗担忧，这里的一切都是不熟知的，既不能掌握，也没有安全感，更别提能有人懂他了。这里和前面说“世溷浊而莫余知兮”时一样用了个“莫吾知”，虽然换了个地方，可是，这里还是没人了解他懂他，这又是何等的悲哀啊！这世间真的“莫吾知”吗？屈原想到这里，没有了之前“吾方高驰而不顾”的豪气与决绝，开始“步余马兮山皋”，让马慢慢小跑，甚至“船容与而不进兮，淹回水而疑滞”。是船慢吞吞不肯前进吗？是船回旋凝滞吗？分明是他不愿让船前进，是他不舍得离开了，是他看着这船行他惆怅了。这世间，竟不能容他？他又自我安慰道：“苟余心其端直兮，虽僻远之何伤。”但是很快，他就感到迷茫了，“入溆浦余儃徊兮，迷不知吾所如。”因为在这个社会他是孤独的，所以只能一个人默默承受。

其次，是屈原的政治孤独感。

“接舆髡首兮，桑扈臝行。忠不必用兮，贤不必以。伍子逢殃兮，比干菹醢。”他感叹：忠贤是不一定为君王所用的，看看伍子胥和比干这样忠直的人的下场就知道了，企图改变，总会引来杀身之祸的。但他又不愿埋没自己，不想不闻不问，不愿隐居避世，“与前世而皆然兮，吾又何怨乎今之人？”以前的人也是这样的，又何必只怨恨现今的人呢？他执着地认为，做臣子的，就是要辅佐君王，忠君爱国，不能见不贤而不谏，见有过而不纠。总有一天，君主会明白他的苦心，世人也会认同他的政治理想的。

“鸾鸟凤皇，日以远兮。燕雀乌鹊，巢堂坛兮。露申辛夷，死林薄兮。腥臊并御，芳不得薄兮。”这乱世当道，是非颠倒，在朝堂上筑了巢的燕雀乌鹊，使得俊鸟与凤凰已经远去，杂草乱生，使得兰草也已死亡。这些浑浊腥臭的东西都上了高台，而高洁芳香却被逼远离，不得靠近。忠臣少不可怕，佞臣多才可怕。屈原在这已杂草丛生的朝堂，已无立足之地，“阴阳易位，时不当兮。怀信侘傺，忽乎吾将行兮！”可惜他生不当时，虽满怀忠信，却无人认同，只有失意惆怅，不得不远离。

再次，就是屈原的个人孤独感，也是伟人的孤独感。

整首诗，整个流放过程，屈原都是痛苦而伤感的，靠着他的精神，在苦苦支撑。“余幼好此奇服兮，年既老而不衰。”一开篇就告诉世人，这是他从小以来的人生追求和志向，即使年老也不会减退的。然而太高的人生目标，使他绝不与平庸之辈为伍，注定孤独。因此“世溷浊而莫余知兮，吾方高驰而不顾”。他的孤独里，有着清高和自傲。我行我素，坚持做他认为对的事，即使没人理解接受，也绝不改变。“哀吾生之无乐兮，幽独处乎山中。”孤身一人，无人陪伴，他的日子寂寞无聊。这就是选择的代价。“吾不能变心以从俗兮，固将愁苦而终穷。”“余将董道而不豫兮，固将重昏而终身！”两个“固将”和“终”“不”，显示出了屈原坚定的信念和不屈的精神。他是孤独的，因为他不能改变自己的志向来跟随世俗，即使终身愁苦不得志，也不能因为终身处于黑暗之中，就不再坚持正道了。他用个人的坚守，个人的精神，在理想的道路上刺透重重黑暗，这时的个人孤独感，已经是伟人的孤独感了，由个人上升到了社会的高度，是难以企及的高度。

个人的孤独感还体现在全篇用了八次“余”，八次“吾”，即共计十六次“我”。屈原虽自陈是忠信的，却未提到一句君王，都是在说“我”。一般来说，使用第一人称就是在表达自己的想法感情，而频繁地使用，就有一种强烈的自我意识和倾诉色彩了。这篇作品，不仅是在记叙他流放的事，更是在倾诉自己的情感给世人听，是对“我”的解剖，是一种宣言，是一种自白，体现了屈原的人生态度和选择，将其个人的、伟人的孤独感体现得淋漓尽致。

世浊而独清，世乱而不易志，即使孤独哀叹而依然前行，这或许就是伟人的胸怀吧！

读书是教师最好的修行

——读《给教师的5把钥匙》有感

徐碧红

前段时间我曾看到过这样一段话，很好地解释了“人为什么要读书”：读书好比竹篮打水，是一场空，但竹篮经过一次次水的淘洗，会越来越干净，人亦是如此，你读过的内容或已忘记，但早已根植到你的血液，埋藏在了心灵深处。在潜意识里，你会明白“什么是对”“什么是错”。阅读滋养着我们的生命，抚慰着我们的心灵，读书便是教师最好的修行。

我很佩服本书的作者，在被评为“物理特级教师”后，他从未停止学习的脚步，而是不辍耕耘，用更用心、更笃定的姿态前行。十年时间，他坚持每周阅读一本书后写出一篇3000字以上的书籍介绍或书籍评论，至今已积累了200多万文字。他有一种难能可贵的气质，无论岁月变迁，职务变化，他都能奋斗不息，依然能抓住任何间隙时间来阅读、思考、写作。对教育的热忱，对教师的关爱，对人生的思考，我们都能从他写的字里行间悠然读出。

《给教师的5把钥匙》是常老师结合自身已有教育经验与过往教学经历，为教师提出的5项建议，他将其称为打开教育大门的5把钥匙。5把钥匙分别为：拔高一层看教育、千方百计提升自己、有一颗学生的心、遵循学习的规律、保持积极的心态。

第一把钥匙——拔高一层看教育。跳出局外不易，拔高一层更上了一个台阶。教育工作者们忙忙碌碌：备课、进行课堂教学、批改作业、辅导学生……如陀螺一般不断旋转，哪还有空抽身跳上一个台阶呢？其实，只有拔高一层，才能让我们豁然开朗，才能让我们从繁杂的事物中抽丝剥茧，找出主线任务。例如备课，仅备一课不够，一定得从单元出发，从整本书出发，站在编写者的角度思考我们到底要教什么。方向找准，路才不会越走越远。

“不识庐山真面目，只缘身在此山中”，在教学工作中，我们一定要有远见意识，关注孩子一生的成长，不因为点滴小事轻易否定某个学生，用发展的眼光看待班上的孩子们。

第二把钥匙——千方百计提升自己。“打铁还需自身硬”，能力是属于自己的，无论在何处，无论处于何种环境，你的能力便是保险箱的密码，能够打开紧闭的大门。

工作中，我曾听到一位教师这样说：“以前语文就是‘听说读写’，现在部编版的语文教材要求学生掌握的策略及部分能力是以前未曾听过的，我跟不上时代啦。”为了减少这种情况的发生，教师需要用开放的心态做教育。世界一直在改变，在如今的时代，变化更是翻天覆地。我们没有办法改变外在环境，只能改变自己，用自己的超级确定性来对冲外界的不确定性。

杨幂在《奇葩说》里面说了这么一句话：清醒的人，都是在努力活着的人。生活很难，工作很难，教学中我们会遇到许许多多影响心情的事情，但我们只能算万千辛苦的人潮之中的一滴水，我们尚且算幸福的了。人总是身在福中不知福，关注生活中触动你的点滴，让我们有意识地感受生活中小小的幸福。

明天的命运是今天创造的，优秀的门槛其实越来越高，更优秀的年轻人越来越多，如果我们不早早打好建筑的根基，等到中年时幡然醒悟，才去努力，优势便变少了。

第三把钥匙——有一颗学生的心。每个成年人都是经由童年这个特殊阶段过来的，只是在忙碌的路途中，我们丢失了童真与童心。教师应该时刻有种警惕感：我在班上是否过于权威？我的教学是否禁锢了孩子想象的翅膀？我是否忽略了孩子的能力水平和情感需求？孩子犯错误是很正常的事情，人类适应社会的最初便是试错，在不断试错中优化自己的行为。我们需要常常换位思考，俯下身子，站在孩子的角度看待问题。

一些我们看似简单的问题，对于孩子而言是很难的。就像我学开车，师傅已经无数次告诉过我关注周边环境，注意不要压坑，下车要关空调，但我总会忘记。在老司机们看来，这是很笨的。反观对待班上的孩子，我们也像老司机一样，总觉得这些很简单，孩子应该很容易学会，但一些对于我们而言简单的知识，对于孩子确实很难。要有一颗学生的心，时常推己及人，把自己想象成孩子。

第四把钥匙——遵循教育的规律。违背规律的教学犹如逆向拉老牛车，自己拖得累，效果却并不好。作为一名语文教师，我们应重视情境教学，学习的价值不仅仅在于卷面，更在于真实情境中的应用。你给孩子空洞的概念、高深的解释，他们理解得很困难，你若巧妙给予一个情境的创设，他们也许立马就能明白。

有量的积累，才有质的改变。每一个新的情境的出现是需要训练量的。举一反三看似容易，其实很难，不要苛求学生立刻学会。就像我从家里到学校的路径选择，就是在一次次积累的过程中熟悉的。走老路、走常走的路比走一条全新的道路花费时间短得多。

第五把钥匙——保持积极的心态。有人笑称《活着》是教师走过一段教学之路后最该阅读的书籍，这是笑谈，亦是不少教师内心的真实写照。面对繁杂的工作，在一些外部环境没有办法改变的时候，我们需要内向寻求办法，即提高自己的修养，保持积极健康的心态。常老师提到了以下办法：扮演好自己的角色；坦然接受自己的不足；学会调动积极情绪；自觉走在成长的道路上，坚持阅读和写作，从中获得快乐。

我们需要向常老师学习，做一位爱阅读的教师。读书是教师最好的修行，坚持每天阅读，坚持思考的人真的有很多。书香致远人生，让我们热爱阅读吧！

换种方式说话

——读《爱德华——世界上最恐怖的男孩》有感

高　敏

身为教师的我在有了小宝贝后，注重阅读，买了很多的图书，想在提升自己的同时也为小宝贝的阅读做一些准备。我在给小宝贝读绘本时，有幸遇到了《爱德华——世界上最恐怖的男孩》这本书，读完之后我有一些思考和感触。

一开始拿到《爱德华——世界上最恐怖的男孩》这本书时，我有一些惊讶与疑惑，怎么能用这么一个带有否定性描述意味的句子说一个小朋友呢？再看封面，封面上是头发乱糟糟、衣服脏兮兮、一脚踢开布娃娃的男孩形象，真是让人好奇：这薄薄十几页的绘本会怎样讲述一个“恐怖男孩”的故事？

细看这本书，发现这个故事其实分为两部分。第一部分是说爱德华怎样渐渐变成了“世界上最恐怖的男孩”，第二部分是爱德华怎样又从“最恐怖的男孩”转变成“最可爱的男孩”的过程。第一部分是清一色的对比构图加上跨页画面，没有背景。每页都是爱德华站在画面左边干着“坏事”，并且随着情节进行，他所占的画面空间也是越来越小，而大人们都处于画面右边，全部手指爱德华，身躯巨大，样子凶狠。这一小一大的对比在最终“世界上最恐怖的男孩”的页面到达了极致：六个大人的身躯重叠在一起，几乎要撑满整个画面，他们一起指向爱德华，像巨人一般俯视、呵斥着画面左侧小小的爱德华。接着，同样的画风出现，但不同于第一部分的大图，第二部分内容以中小画面为主，并出现生活背景和环境。在这一部分，爱德华和大人的身躯比例恢复正常，甚至有时爱德华的身体占页面的大部分。

其实当我们认真思考，会发现爱德华和其他孩子一样，是个普通的孩子，“他早上起床，穿衣服，吃早餐，去上学，玩游戏，吃晚餐，然后上床睡觉。”可以看到，在爱德华的成长道路上面临着成年人不同的对待方式。成年人一旦将手中的权力过于随意使用，真是会慢慢带来“恐怖”的后果，让普通的孩子变成最恐怖的孩子。同样，当真正给予一个孩子表扬与赞美时，他们也会释放出来潜在的美好，成为最可爱的孩子。

在第一部分，人物位置和身体大小的对比表现了孩子与成年人之间的不平等关系。成年人高高在上，对爱德华批评的俯视眼神，都是在描述这种双方互不信任的状态，大人的简单粗暴换来的也是孩子的不加理睬，有好几张画面，爱德华是连看都不看大人。画家大篇幅运用无背景的画面，更是为了去除庞杂，聚焦人物之间这种紧张的关系。第二部分是均匀化了画面的大小，背景环境的出现，缓和了人物关系，让气氛变得更生活化。在这些画面中，爱德华与大人们的关系变得平等起来，仔细看画面会发现双方的眼睛都开始温和地注视彼此，举止动作也没有了从高处向低处的指点，取而代之的是相互尊敬与信任的平等“握手”，也就是用大人之间的交往方式进行沟通交流。而且在“动物”环节和“对待小朋友”环节中，爱德华一转身反而充当了“大人”的角色，学着对待比他弱小的角色，在这两个画面中，爱德华处于高端，画的身体也是最大，这也表明了爱德华位置的提升以及被信赖。

书里的有些画面像是未处理完的，只用了些看似随手乱画的涂鸦线条就完成，仿佛是刚入学的孩子用笔触的一般，这让人在观看的时候代入感很强，身临其境，想想自己有没有这样被对待过，或是这样去对待别人。而且这种画风和小品般的生活化情节也是绝配，我们在不经意间就明白了其中暗示的生活真谛——爱与宽容。故事结尾是爱德华在一条逐渐上升的道路上奔跑的场景，所配文字是爱德华开始变得“更加整洁、有爱心、聪明……”，最终成为“世界上最可爱的男孩”。

生活中和教育中，我们常常会基于各种原因，在面对孩子时变得“口无遮拦”，但是我们不得不时刻提醒自己注意：有些话是不能在孩子面前说的，即使我们有千般理由。还有些话，我们如果换种方式说出来就会有完全不同的结果。作为引导者和教育者的我们，在孩子成长的路上需要注意，不贴标签地看孩子和运用鼓励的语言给孩子营造一个温暖的心灵成长环境，这是改变行为的巨大力量。

悟名师思想，望朵朵花开

——读《中国著名特级教师教学思想录》有感

唐国凤

初看书名，我心里便打起了退堂鼓，生完孩子便再也没有好好看过书，更没有心思和机会静下心来读书了。《中国著名特级教师教学思想录》，一看名字就是深奥的大道理吧！在孩子午睡的间隙，我拿起了书，序里第一段话便如醍醐灌顶："没有思想的教育，一定是站不住、走不远的。"我终于发现，我和特级教师的差距，就是我没有自己的思想。

虽然在教育教学实践中，我看了很多名师的书，听了很多名师的课，惊叹于名师的教学，但我没有去细细揣摩过他们为什么这么做，也没有静下心来去总结提炼形成自己的教育思想。名师的思想清如流水，滋润人心：窦桂梅的小学语文主题教学、黄厚江的语文本色教学、华应龙的"融错教育"、王崧舟的"诗意语文"、李吉林的"情境教育"……而我不加思索地学习就如用竹篮去装，自然落得个竹篮打水一场空。看过的教育思想很多，但都雁过无痕，成为没有思想的"工具人"。这本书的有些观点深深镌刻在心里，成为我教育之路上的一盏盏明灯，一句句提示。

一、链接"已知"，走向"未知"

陈日亮老师在他的教育思想"我即语文"中提到语文观课评课的六个关注点，其中一个是"是否通过教给了学生需知而未知的内容，是否让学生明白从已知发现未知的方法和途径，从而获得新知。”简单的一句话，便让我陷入了久久的沉思：什么是学生“需知而未知”的内容？怎样链接“已知”“未知”“新知”？再回想自己的课堂教学，我有关注过哪些知识是学生“需知而未知”的吗？我有教会学生从已知发现未知的方法和途径吗？学生是否有获得新知的主动性呢？一连串的拷问让我正视自己教学的不足，也为接下来的教学明晰了方向：教学初始，了解学生的学情，明白学生的“已知”和“未知”；认真研读课标、教材，清晰学生的“需知”和“新知”；在课堂上调动学生的学习积极性，发挥学生的主动性，引导学生在自主合作探究中获得新知。根据学习内容，教会学生学习不同知识的学习方法，即我的师父常说的“一课一得”，是我以后教学需要落实的重点。

二、帮助孩子成长为自己

在我班上，“独得恩宠”的学生是班上学习困难的几个孩子，我很惭愧，付出了4年辛劳想努力地提高他们学习成绩后，他们依然在学习之路上走得很艰辛。我为他们的一点点进步点赞，为他们的失败一次次加油，想方设法地创造一些展示的机会给他们，希望他们能够找到一丝希望，增加一份自信，然后励精图治、奋发图强、一鸣惊人。努力过后的希望破碎最伤人心，他们的成绩依旧倒数。我有些泄气。

直到看到陈铁梅老师用艺术教育“桀骜不驯”的小宇，让他在学习美术的过程中找到了自己，拥有了光明的未来；直到看到戴曙光老师用一次考试的“造假”让小海找到了自信；直到看到管建刚老师用4个妙招让学生永葆作文动力，把作文越写越好，我才明白：“帮助孩子成长为自己”是教育的价值之一，要帮助孩子知道自己要去哪里，然后坚定地走下去。

但能得到校长亲自教育的是少数学生；那大多数学生怎么办呢？一个学校教育理念的落地，必定需要一个个教师的努力，作为陪伴学生最多的班主任，自然是义不容辞地挑起了教育学生的重担。成绩拔尖的是少数学生，但不能只用成绩来衡量学生的发展。在以后的教学中，我要努力改变潜意识里

“以成绩论英雄”的观念，多去关注学生其他素养的发展，挖掘学生的潜力，提供学生成长的机会，鼓励学生不断坚持，最终成为独特的自己。希望接下来的2年，班级里的每个学生都能“各美其美”：是一棵草，就积蓄力量，顽强生长；是一棵树，就枝繁叶茂，成参天之势；是一朵花，便尽情绽放，吐露芬芳。

三、持续坚守静待花开

在这两本书中，在名师身上，我看到了自己曾经也有过类似的做法：我也曾像陈铁梅老师一样，赞扬学生的一次美术作品，但学生并没有在美术上获得成长；我曾像管建刚老师那样想出了很多鼓励学生的小妙招，但学生的作文水平没有很大的提升。为什么名师成功了，而我的学生依旧不见起色呢?

细细地再品读他们的经历，我明白了他们成功的奥秘：他们往前走了一步，他们一直在坚持。我只停留于一次的表扬，却没有给予学生持续成长的力量；我的作文小妙招只坚持了一学期，其间出现的各种问题也没有解决。名师之所以是名师，因为他们每走一步都明明白白，因为指引他们前进的是他们的教育思想。

接下来，我会整理出自己这4年来在教学上的零碎的小方法，希望形成有序的、清晰的教育思想，在此基础上，持之以恒地践行自己的教育思想，不断修正、完善自己的教育思想。坚持自己的想法、坚定地走下去，努力向名师靠近！

“教育是一个技术活，但更是一个思想活。没有思想的教育，是站不住、走不远的。”希望自己慢慢成为一个有思想的教育者，学习名师、亲近名师，站稳讲台，携手学生学好语文，为他们的终身发展打上爱语文的底色。

放下心中的执念，才是解决问题的开始

——读《给年轻班主任的建议》有感

秦　芹

教书几年，回想当年，我还是一个十分渴望站上讲台的青涩小姑娘，总以为走近讲台那一刻，会有一双双萌萌的大眼睛期待着我，也曾梦想着像自己的恩师一样循序善诱，诲人不倦。而今，人未老，心尤衰……少有学生期待的眼神，多的是师生的矛盾冲突，由最初的渴望变成了疲于应付，家校沟通不畅，班级冲突频生，几年下来，有时候都开始怀疑自己，怀疑自己是否站错了舞台，就在此时，我无意中翻阅到张万祥先生的《给年轻班主任的建议》，才解了心中的魔，我开始有所感悟，正是自己方法不当，才会越努力越心酸。

有意栽花花不开，无心插柳柳成荫。我看了张万祥先生的书，原来很多的年轻教师，特别是班主任，与我有一样的经历。作为班主任，我们都会有相同的“执念”，常常是自己内心“放不下”，才会把教师和学生拉到了对垒的两方，呈现对立的状态，这样是无法衍生出教育智慧的，反而更容易让学生惶恐和产生抵触。作为教师我们有太多的执念，执着于眼前目标，而忽视学情和学生的长远发展；执着于常态化管理，而忽视了学生的个性化发展；执着于目标教育，放弃了对学生的长效关注；执着于对学生的刻板印象，忽视了学生的变化发展……我们有太多的执念，于是乎产生了“心魔”，不愿放下执念，问题只会越来越多。

那么如何放下这些执念呢？《给年轻班主任的建议》这本书给了我们答案。全国优秀班主任倾力献策，分七个部分详细讲解了如何做好一个班主任。大到德育工作方法，小到具体学生管理，我们都能从中找到属于自己的方法。前人栽树，后人乘凉。他们用自己的心血换来一个个鲜活的案例，一副副教育良方，有的甚至可以直接拿来用。我慢慢重塑自己的教育信心，如果自己是教师队伍中的笨鸟，那就给自己找一个楷模，学着他的样子，一点点丰满自己的羽翼。努力寻找属于自己的教育答案，终有一天会翱翔天际。

社会发展很快，学生不断变化发展，教育没有唯一的答案。作为教师我们能做的就是以不变应万变。不变的是我们一颗爱学生的真心，是教育的初心，是自己先成长起来，才能带领学生成长。在教育这条路上，时有磕碰，时有羁绊，那都是暂时的，无数年轻教师都是这样成长起来的，如果我就这样被打倒，那也太弱不经风了。当问题来临时，不应该通过否定自己去逃避问题，应该迎面直上，想办法解决问题，那才是真正的教师。

我会慢慢放下执念，重新出发，不断修炼自己的内心。

从读书中“悟其渔识”

——读《小学数学教师5项修炼》有感

张忠凤

老师随手记下日常育人工作中的琐碎感悟，随笔记下课堂教学中的零散片段，养成用心记录的习惯，通过各种学习研究平台进行研讨，会是一次次很有价值的探索。李玲玲老师的《小学数学教师5项修炼》一书，由自身工作中的点滴思考、随笔、案例研究集结而成。在捧书静读的过程中，读着书中的文章，故事中的孩子那么熟悉，对号入座就像是我课堂上的孩子，那么真实、朴素、可爱。这本书从“读懂孩子”“理解数学”“有效研究”“追随智者”“全面学习”五个方面阐述了教师专业发展的可行性策略，我在阅读中汲取李老师的教育教学智慧，获得启迪，重新审视自己，提升修炼自我，源源不断地产生前进的力量。

一、学会读懂孩子，走进孩子的内心

泰戈尔说过：“教师与学生的关系是一种心灵与心灵的约会的关系。”学校里，虽然老师与孩子们朝夕相处，但每个孩子拥有内在独特性，要站在他们的立场理解他们，并不是一件简单事，所以老师要睿智地通过多渠道了解孩子的学习和生活，提醒、包容、纠正他们成长过程中的错误，及时给予各方面的帮助，孩子的人格和情感才能得到最健全的发展。如何读懂孩子呢？李老师教育案例中给出很多值得借鉴的工作技巧。例如，用孩子的名字

命名“××规律”或“××发现”，给孩子们写毕业赠言，孩子自己订正错题后给予加分奖励，给家长留言，等等。这些真诚的交流，感染、走进、培育着孩子们的心灵，得到了孩子们的信任和依恋，让教育变得温润而明媚。

我平常与孩子们相处，课余时间，会在教室里放着音乐和他们一起唱歌，在校园各个角落与他们合影，在操场上和他们一起锻炼、玩游戏，耐心帮他们解答学习以及生活中的困惑，不知不觉中，我与孩子们的距离变得很近了，关系非常亲密。他们会为我送上亲手包的包子，关心我的身体，给我分享开心与难过的事情，还会站在楼道挥舞手臂，对我大喊“女神、女神”……很多孩子说喜欢上我的数学课。于文森老师说：“今天你给了学生什么面孔？”虽然我还不能完全做到始终保持微笑，但我会努力调整对待孩子的态度和方法，做他们思想上的引导者和生活中的朋友，静静地等待孩子们在跌跌撞撞中成长。

二、理解数学，有效研究，促进孩子探究思考

数学思想方法重在“悟”，让孩子学会学习比学到知识重要千万倍。教师要潜心研究每节课所教内容在章节甚至全套教材的处理，树立整体观，还应该开阔视野，从教科书、教参等文字中跳出来，提高到更高层次。利用有效的课堂教学，渗透教学思想，循序渐进，逐渐逼近数学思想的本质。李老师深入领悟新课标精神，在教学中不断思考和践行。她把“水管问题”与生活中的“排队，候场，草场，人体的新陈代谢，人口的增减”有机联系，交互链接；用童话形式呈现“鸡兔同笼”，实现长效的教育眼光；阅读“阿凡提巧分马”材料，让孩子思考其中蕴含的数学问题，从而培养孩子良好的思维品质。多个案例都是让孩子从单纯的解题技巧和复杂推理中解放出来，注重培养孩子的数学素养，真正实现了“卓越的教师教智慧”。李老师还介绍数学案例的相关特性、结构，以及怎样写数学案例，给老师们提出了具有指导性的方法和建议。我在教学中，会先把教材进行大量的对比分析，重视孩子们的自主动手操作及合作交流，还会创新作业设计，但却少了些深度思

考，很少及时将自己的教育实践写下来。今后，我也要重视案例写作，勤于写随记，并持之以恒，不断提升反思自己。

三、追随智者，全面学习，做智慧型教师

教学追求“悟其渔识”，需要教师在学习中不断修炼自己，智慧引领孩子将知识感悟转化，形成自己的意识。李老师一路走来，聆听着史宁中、孔企平、王特等大师的讲座及课例，参加各级研讨，坚持落地课堂，不断汲取身边教师的思想和智慧。作为教研员，李老师还利用网络交流，拓宽教研时空，与广大一线小学数学教师共同成长。李老师一路学习，一路成长，激励着我。学校为我们教师的成长搭建了平台，开设公开课和讲座，教师们在分享中，互相传递真诚，收获教育经验；办公室的教师们随时问答栏目，也是一块有效快捷的交流阵地，如新课如何讲解，学生怎样有效开展课堂活动，一道题有几种方法，面对这个孩子或家长教师怎么做……大家互相出主意，互相关心，探讨过程中既有数学教育，又有德育教育，我们也都努力做一个智慧型教师。路漫漫其修远兮，在教育的路上，教师成长离不开静心修炼，修炼是自我提升的策略，是追求教育真、善、美的内在要求。

用出世的精神做入世的事情

——读《做最好的老师》有感

刘雨林

对于教师来说，一定要树立起终身学习的理念，在日常工作和生活中要不断提升自己，我喜欢看书，尤其是有意义的书籍。很早之前，我听人说起过李镇西老师所写的《做最好的老师》，现在终于有时间去看这本书，看完这本书后，我的内心被震撼了。

李镇西是一个熟悉又陌生的名字，他毕业于四川师范大学中文系，长期从事于教育教学工作，致力于研究民主教育与语文教育，编写了21本教育学专著，《做最好的老师》是他的代表作，有着更大的影响力。在这本著作中，李老师跟我们分享了“什么是最好的老师”“最好的老师应该有怎样的情怀”等问题，对于年轻一代的教师开展教育教学工作有着极其重要的意义。

李老师在序言中关于“最好的老师”的定义是：“每个人都是一棵树，你也许不是最美丽的，但你可以最可爱；你也许不是最聪明的，但你可以最勤奋……做最好的自己，强调的是自己和自己比，昨天的自己和今天的自己比，不断地超越自己，在以后的职业中达到自己力所能及的最好程度。”“最好”其实就是“更好”，虽然这个“最好”永远达不到，但一个一个的“更好”便汇成了一个人一生中的“最好”。今天的备课是不是比昨天更加认真？今天的作业设计是不是比昨天更加科学合理？今天所组织的教学活动是不是比昨天更加生动有趣？作为一名教师，每天都在比较中进步，在比较中反思，这既是更好，更是最好。

李老师认为最好的教师应该有童心、爱心和责任心。所谓的童心就是要从学生的角度去看待周围的事物，在日常教育教学工作中要了解学生内心最真实的感受，只有这样才能更好地引导学生。所谓的爱心就是指教师和学生之间应该相互依恋，教师离不开学生，学生也离不开教师。正是由于对学生的这种依恋，李老师才放弃了科研室的工作，坚持要走向讲台，与学生真正在一起。我们都应该向李老师学习，在日常教学工作中关心和爱护学生，让学生能够感受到我们的真心，才会更加愿意接受我们的教导。所谓的责任心就是指教师应该和学生一起成长，将教学相长落到实处。在李老师的世界中，教师不仅仅是一份职业，更是他生命的重要组成部分。他回忆起自己整个教学生涯中的点点滴滴，第一次当班主任、第一次送毕业生等，而我们作为读者，在那一刻仿佛也已经成了最重要的参与者，与他同欣喜、同感动。我好像开始明白李老师到底是一个什么样的人、他对于自己的学生是一份怎样的感情。

李老师认为教师不仅仅是单纯的教师，还应该是专家、思想家和心理学家。专家指以下两个方面：一是具备某一领域的专业知识，在学生需要的时候能够为其提供有效的指导；二是应该具备高超的教育教学能力，使得学生乐于听自己的课，充分发挥出教学艺术的魅力。思想家指教师应该努力成为一个反思型教师，正如上面所说最好的教师就是通过不断的自我超越和自我比较才有可能实现，在这一过程中最重要的一点就是要学会反思。不仅要反思自己的教育行为和教育细节，而且还要思考一些思想层面的东西。比如新教育理念对整个教学过程的影响、社会发展与教育之间的关系等。通过这样的反思活动来不断提升自己的思想境界。所谓心理学家指的是教师应该具备一定的心理学知识，在当今社会中，学生面临的压力较大，容易出现心理问题，教师在日常教学工作中，应该仔细观察每一个学生的行为表现，一旦发现异常，就应该及时运用自己所掌握的心理学知识对学生进行疏导，避免发生不可挽回的事情。

李老师的“五一工程”包括上好一堂课、找一位同学谈心或者书面交流、思考一个教育问题或者社会问题、读不少于一万字的书、写一篇教育日记。纵观李老师的工作和生活，他每天都在坚持“五一工程”，光是这一点就已经是我们学习的榜样了。

这本书真实地记录了李镇西老师是如何跟自己比的过程，阐述了李老师的教育教学理念，并有教学案例作为支撑。通过阅读一个个鲜活的教育案例，我们可以看出李老师认认真真上好每一节课、仔细批改学生提交的每一本作业、经常与学生沟通和互动……这些年来，他获得了许多荣誉，但他仍然坚守在教育一线。他曾说：“我一直在用出世的精神，做入世的事情。”正是由于这种坚持和信仰，他才能无私奉献于教育岗位上，在这一岗位上取得优异的成绩。在各种荣誉和光环的包围下，我想对于他来说最大的荣誉应该是来自无数家长和教师的称赞——是他们见过的最好的老师。

读完这本书，仿佛进行了一次精神的洗礼，感觉自己要提高的地方有很多，李老师与学生之间的相处那么自然、那么和谐，究其原因主要是“爱”。他真诚地爱自己的学生，学生自然也用同样的爱去回馈他。他的教育充满了人道主义的光辉。我以后也要用心去爱自己的学生，让我的爱伴随他们的成长，使学生能够成为最好的自己，我也逐渐成为一个最好的老师。

向教育更深处漫溯

——读《给教师的5把钥匙》有感

陈俊秀

韩愈曾说："业精于勤，荒于嬉；行成于思，毁于随。"学生的学习如此，教师的业务能力亦如此。作为一名教师，我时常提醒自己要不断学习，鞭策自己不浪费青春韶华。寒假对于教师们来说，是放松身心的大好时光，而我则认为，寒假不能只顾玩乐，要及时"充电"，提升自己。前辈的经验告诉我，教师最容易学习并得到提高自身的方式便是读书，这也是我在心里认同，并喜欢做的事。

正好，学校推荐了一本《给教师的5把钥匙》，这是一本作者结合自身经历与思考写出来的书。该书作者常生龙以独到的远见、丰厚的学识、真诚的口吻、质朴的文字向我们提供了教师如何实现自我提升的实操性意见，既有科学性、学术性，又接近一线教师工作实际，针对性强。我读完之后醍醐灌顶，在心中默默激励自己，向教育更深处扎根。

这本书给我们提供了"5把钥匙"——拔高一层看教育、千方百计提升自己、有一颗学生的心、遵循学习的规律、保持积极的心态，结合具体的策略讲道理，既有理论高度又不失生动性和趣味性。从整本书的内容看，这本书非常适合青年教师，我读完感受颇深。

一、立足高度，探索教育

牛顿说："如果说我看得比别人更远些，那是因为我站在巨人的肩膀上。"这与作者提出的"拔高一层看教育"的观点不谋而合。站得高才能看得更远，这是从事教育工作的教师需要具备的素养。在作者看来，"站得高"有两层意思：一是站在世界各国教育改革的制高点上，了解教育改革的新动向，把握教育改革的新方向；二是要切实树立正确的教育观和育人观，按照教育规律和孩子身心发展规律施教。立足于这样的教育高度，便不会在教育困顿时气馁，不会在教育探索时懒散，不会在教育进步时骄傲，而会将目光指向长远，关注孩子一生的成长与发展。

然而，知道"站得高看得远"是一回事，知道如何"站得更高"又是另一回事。现在的中国正处于从应试教育过渡到素质教育的阶段，分数在家长、孩子和教师的眼中仍然十分重要，是教师重要的考核标准，也是学生学习的重要评判标准和升学关键。在日常教育教学中，大部分教师带着一颗关爱学生的心，想着为孩子长远发展的目的去工作，但是由于考核和升学的压力、事情的琐碎，很多教师的重心还是在知识教学方面，忽略了学生的综合能力培养，就无从谈起立足更高的高度探索教育。幸运的是，作者提供了一些建议：一是要转变自己的教育观念，从时空两个维度与先进的教育观念接轨，毕竟观念决定人的行为；二是顺应时代潮流，将先进的现代化技术用于教育；三是学会不断借鉴和反思，结合自身情况探索教育的多种模式。所谓"书中自有黄金屋"，我们可以通过阅读获得前辈们的经验，站在巨人的肩膀上，开阔眼界，走得更远。

二、把握角度，发展教育

书中提到教师要有一颗学生的心，要保持积极的心态，这是作者送给我们的两把钥匙。读了这部分内容后，我认为教师要用心做教育，把握好角度。

第一是教师需要从孩子的角度去认识孩子、理解孩子、信任孩子，时常保持“一颗学生的心”。教师应该认真研究学生成长的文化生态、明确环境文化的潜在价值、把握学生的心理特征、了解学生各种心理背后的心理学机制、找到符合学生心理规律的教学策略，让学生个性得到发展。“有一颗学生的心”告诉我们要正确地爱学生，要包容、尊重、适当放手。现在的学生普遍压力大，除了白天上课，还有各种特长班、补习班，家长也是希望孩子不停学习，考上名校。如果教师不去了解孩子的生活，不从孩子的角度感受他的感受，一味在学习上“苦苦相逼”，那么孩子怎么能身心健康、多元发展呢？教育是用一棵树去摇动另一棵树，试想一个无法站在孩子角度看问题的教师，又怎能正确引导孩子并发展好我们中国的教育事业？

第二是教师要认识到教育对孩子的发展起至关重要的作用，但不是万能的。从这个角度出发，我们工作时就会悦纳自己，以积极的精神面貌和乐观的心态面对学生。教师拥有积极的心态，也是对学生的一种正能量的熏陶和引导。拥有积极心态的教师在遇到困难时，会勇敢面对；面对失败时，会笑着爬起；在教育路上会坚持探索，永远坚守教育初心，不断发展教育。教师用积极的心态去看待世界，这何尝不是另一种教育？

三、拓展深度，夯实教育

另外两把钥匙是不断提升自己和遵循学习规律。不断提升自己用“活到老，学到老”来形容最为恰当，这也是对教师的基本要求。阅读和写作是不断学习的最有效方式，可以从一个领域到多个领域。不断学习，成为学习高手，可以点燃学生求知的火炬，提高工作实效，赢得学生的信任和爱戴。作者说，要千方百计地提升自己能力，这既是态度，也是途径。

教师是一个需要不断积累经验、逐步提升自身专业素养的职业，必须不断拓展深度，夯实教育。作者认为以下几点可以帮助我们：一是要永远保持对教育的热情、保持教育的新鲜度，这对教育教学成效有重要影响；二是多读教育专著，多研究课程标准和学科特点，思考教学方案，在反思中提炼；三是研究学生学习规律，在了解孩子学习水平和学习规律的基础上实施教育，教育的靶子会投得更精准有效。

《一代宗师》里有一句话我很喜欢：见自己、见天地、见众生。我愿在教育道路上以这句话为座右铭，不断探索，向教育更深处漫溯。常生龙老师的《给教师的5把钥匙》会在我日后的教育生涯中助我一臂之力，让我更智慧，更丰盈。

做现实的教育理想主义者

——读《教育常识》有感

郑永珊

倍感庆幸，因为我读到了《教育常识》这本书。“做现实的教育理想主义者”是李政涛《教育常识》一书的第37个话题，论述大约1500字，因为我觉得这11个字很有意思，就把它作为我读后感的标题。

我读了李政涛《教育常识》一书后，有了些许安慰。书中写了作者去给学生上课，结果出糗的故事，原来这样的事并不只发生在我一个人身上，我告诉我自己：教育的力量其实是有限的，不要总是想着自己多么的伟大，自己只不过是一个普普通通从事教育的人而已。人的一生是修炼的一生，修炼的过程注定是艰难的。没有任何一本书，任何一门课程，可以直截了当地转化成智慧，教育智慧只会从我们的内心生长出来。做专业的研修，“大隐隐于市”只是一种可能，“日修修于世”却是必然！

接下来，我想与君分享书中的一则故事。有一年李政涛应邀到我们四川做报告，休息期间，一位瘦弱的老教师走过来跟李博士做交流，首先把李政涛“恭维”了一番：“李博士，您讲得真好，真有道理！”出于一种渴望被肯定、被褒奖的“人性需要”，李政涛“绽放”出幸福的笑容，但他显然被一时的假象“忽悠”了，这位老教师的夸奖其实是一种必要的“铺垫”，随后话锋一转，倾倒出老教师最想说的一句话：“您讲得的确有道理，但我觉得，大多是真空中的真理。”

李政涛的笑容瞬间凝固了。

文中故事至此戛然而止，但后面的反思令人振聋发聩。

……

从李政涛的身上我悟到一个生活常识：我所看到的惊艳，都曾经被平庸历练。

为什么教育？立足于现实，是很难逃脱的选择，比如：“为生计的教育”“为分数的教育”“为荣誉的教育”，虽然这种教育目的曾遭到不同程度的指责，但我觉得应报以理解，因为这就是现实的可能。我们的现实就是天不见亮就精神抖擞地出门工作，天黑时才疲惫不堪地归家，周一到周五除了晚上睡觉，我们要么在工作的路上，要么就在一直工作。除了身体上的疲惫，我们还得经历精神的拷问。但是现实又是我们常常会被深深感动。

如果一个教师只顾眼前，那就很可能意味着无尽的埋怨和无尽的痛苦。如果一生只有眼前，就没有未来。我在没有小孩前，我的学生就是我的学生。而现在，我的学生不仅是我的学生，还是我的孩子，故而常常有一种悲悯的情怀、一种打满鸡血向前冲的精神。从事教育和纯粹教书之间也许仅仅欠了一个转身——那就是“没有爱就没有教育”。那么为什么要爱？爱什么？怎么爱？可能这是我们需要用一生去思考、去完善的命题。

好教育，就是宽大、审慎和温暖的教育。我觉得好教育是眼中既要有教师自己，又要有成长中的学生。教师每天都在目睹着一个个生命在教育力量影响下一点一滴成长变化的奇迹，每天都浸润在生命成长的气息之中，这是别的职业难以体会到的幸福，也有他人难以体会的艰难。各种滋味，我们各有感触。但我永远相信我的教育过程不仅是幸福学生，还是丰富自我、滋润自我、提升自我生命的过程。

回归标题，做现实的教育理想主义者就是既要胸怀理想又要立足现实勤于耕耘。从这个意义而言，做现实的教育理想主义者也是一种教育常识。作为一个研究教育的学者，李政涛是值得尊敬的，他在用他的行动和思考启迪着一些有志于教育的人更好地前行。唯有前行，生命才会更具有意义。读《教育常识》后，我在思考我的教育常识是什么，接下来我还可以做些什么，以此减少我从事教育的遗憾。

自然文明消失之痛

——读《额尔古纳河右岸》有感

唐雪梅

额尔古纳河位于俄罗斯和中国的交界处，她哺育了善良的鄂温克族人民。族人世代以打猎驯鹿为生，信奉萨满，崇尚自然文明，过着游猎的生活。

本书的主人公，鄂温克族最后一位酋长的女人，以她的视角给我们讲述了发生在她们氏族的故事。

鄂温克族的族人们，世世代代都住在希楞柱（一种类似蒙古包的建筑），枕着花草，听着风声雨声，伴着星光入睡。忽而忆起我的童年，虽没有住在希楞柱里面，却也是伴着风声、蛙声、蛐蛐声等各种大自然的歌声入眠。惬意地享受着大自然所演奏的美妙的乐曲，我进入了甜甜的梦乡，我深深记住了那甜美的感觉。如今，住在钢筋混凝土建造成的大房子里，周遭的汽笛声、叫卖声……蹂躏着我的耳朵，那浸润在大自然的母乳中的童年成了心中的白月光。

鄂温克族的神灵——萨满，世代守护着他的族人，也会温柔地帮助“外人”。鄂温克族人的萨满温柔善良，有求必应。也许是善良的鄂温克族人绝不会对别人的不幸放任不管的虔诚感动了萨满吧！

萨满想要救治人或者动物，祈雨祈福等都是通过“跳大神”的方式祈求神灵保佑的，但要想得到无所不能的神灵的帮助也是需要付出代价的。主人公的弟媳妮浩是这个民族的最后一位萨满，她救治过因饥饿偷食过多的驯鹿肉而差点因此丧命的汉族小伙子，以及先前令族人十分厌恶的马粪包等人，为此，善良的妮浩失去了她的几个孩子。她深知每次跳神都会葬送她一个孩子——她的宝贝，但她还是义无反顾地穿上神衣，戴上神帽，敲起神鼓，为别人的孩子祈福。

鄂温克族人世世代代生活在额尔古纳河右岸，过着原始的游猎生活，他们谦卑敬畏地领受大自然的馈赠，从不过度索取，绝不铺张浪费。其子孙后代繁衍至今，而他们崇尚的自然文化却逐渐消失。

鄂温克族的游猎文明从属于自然文明，一定是与大自然和平共处的，自然而然地繁衍了千秋万代。而工业发达的21世纪的地球却已经千疮百孔，不知城市文明如果继续肆无忌惮地破坏生态环境，城市文明的子民们还能繁衍几代？城市文明与地球的未来又在何方？如果说获得现代文明的代价是毁灭自身，那么这样的文明不是我们追求渴望的。鄂温克族人面临着诸如熊害、毒物侵害等一系列致命危机，但他们却身体健壮、精神矍铄，主人公更是活到九十多岁还耳聪目明。

如果可以，我愿意像鄂温克族人一样，渺小而伟大地活着。身处于人类文明迅猛发展的潮流中，我们不能盲目地被裹挟前进，与大自然和谐相处方能千秋万代啊！

第二篇

DIERPIAN

在启示下抵达

课堂应有的样子

——读《重新认识课堂》有感

郑生丽

理想中的课堂应该是怎样的呢？课堂中，学生积极主动，善于倾听，勤于思考，敢于质疑，自信大方地表达。课堂生机勃勃，大家兴味盎然，教师和学生都能得到发展和成长。这是我在寒假拜读贲友林老师《重新认识课堂》时找到的答案。

这本书分为五个章节，分别是课堂的样子、课堂无小事、课堂的另一种解读、关注学生的课堂学习、观课之思。我读了这本书，反观自己的课堂，思考如何让学生真正成为学习者，如何让学生的学习在课堂上真正地发生？我在书中寻找答案，也将在自己的课堂中努力实现此目标。结合自己的课堂教学，现将所学、所想、所悟记录如下。

一、如何应对学生不愿意举手发言了

工作以来，我和我的同事们都有一个共同的感受，高年级的学生上课不爱举手回答问题了，课堂教学气氛没有低年级活跃了。为什么有些同学不愿意举手发言呢？一个问题抛出来，若是简单，班级中的学生个个跃跃欲试；若是稍有挑战性，举手者便寥寥无几了，或者总是固定的少数几位回答。在

课间和学生的交谈中得知学生不举手回答问题有两种情况：一是怕举手回答问题时，万一回答错了同学们取笑。二是因为胆子太小，生怕回答错了老师批评。为什么学生会有这样的担忧呢？其实小学生在最初进入学校的时候，对课堂上教师提出的问题会积极动脑筋并勇敢地在教师同学的面前说出自己的想法，但是难免会在回答的过程中有错误，班上的同学有的在课堂上会取笑，甚至课后还会拿课堂上的错误来取笑。教师没有发现或者发现了没有及时的引导，会极大地损伤了学生的自尊心，使他们没有举手回答问题的勇气。有些教师在处理学生回答问题出现的错误时方法不是很科学，伤害了学生的自尊心，这也是学生不敢举手回答问题的原因。

读完《重新认识课堂》之后，我发现优秀的学生发言，往往都是对的，比较完整，其他学生想要补充，却没有机会，回答就告一段落，其余学生可能只是观众、听众、旁观者，内心会比较失望。因此在选择回答问题的学生时，先选择回答可能需要补充的学生，再选择优秀的学生，后面的学生可补充前面学生的回答，这样可以让一个问题参与度较高。课堂中，也有这样的学生：看似听得认真，但很少举手发言，请他起来回答问题，要么闭口不言，要么声音像蚊子一样小。学生总想让自己在回答问题时说出正确的答案或教师想要的答案，而不愿意表达其他的想法。课堂发言是做什么的？是交流各自想法，以说促思、以说引思，是分享、协作，共同学习。我们的课堂中要解决此类问题，首先就是要解放学生的思想，转变学生对课堂发言的认识。其次，对学生在课堂上的交流要进行指导。最后，我们要给学生充分的言说时间，不过早对学生的发言进行评价。

那么作为教师，我们应该如何应对学生不愿意举手发言的情况呢？我们可以做好以下几点。

第一，培养学生发言的各种品质，激发学生发言兴趣。从低年级开始教师就要在课堂上培养学生说的能力和倾听的好习惯。发言要大方，声音要洪亮，语言要精炼；听者要虚心学习，乐于帮助同学纠正错误。当学生回答正确的时候要引导学生及时鼓励，当学生回答错误时要引导其他学生帮助，并且引导得到帮助的学生向帮助自己的学生表示感谢，在这样的课堂氛围中学习，学生一定更有自信，更加大胆。

第二，善于发现每位学生的闪光点，正确地评价每位发言者。大部分小学生都喜欢表现自己，谁都希望自己的发言得到肯定。当他的发言得到肯定和赞扬的时候，就会调动他发言的积极性。当他的发言被否定的时候，就可能产生消极的作用。教师必须从发言的内容和语句，态度和礼貌，思想和诚意，思维和方法，勇气和胆识等不同的角度，发现他们值得肯定和赞扬的一面，委婉而亲切地指导学生纠正错误。这样每次都让学生尝到成功的喜悦，他们的表现欲就会愈加强烈。

第三，善用小组合作学习，努力做到一个都不少。小组合作学习可以调动学生的积极性，让每个孩子在小组内有发言的机会，让每个孩子的能力得到提升。小学低年级可以同桌两人为一组，中高年级可以四人为一组，分组要按照组间同质，组内异质的原则，把组员编号，按照学生能力特点，安排不同的分工。

第四，注意沟通师生情感，提高教师自身的亲和力。如果教师得不到学生的喜欢，那么在教师的课堂上学生当然不愿意配合。所以教师除了要有很好的专业素养以外，还要在课间多和学生沟通，了解他们的想法，并且针对学生的实际情况，设计自己的课堂教学。在和谐的师生关系中一定能创造出轻松愉快的教学氛围，学生一定能最大限度地发挥出自己的能力。

二、做一名智慧的“懒教师”

贲友林老师在课前，会在黑板上写上四个词：我会听、我会想、我会说、我会做。无论教师还是学生，都在他的课堂上看到这四个方面。他提醒我们要学会做一名智慧的“懒老师”。

书中说到，教师“不讲”，有两方面原因，第一，教师“不会讲”。教师也应该有学生心态，面对学生，我们既是教师，也是学习者，学习着如何做教师，要欣赏学生回答中的巧方法、妙点子。第二，学生“会讲”。学生有学习的能力，也有与人交流的能力，他们既能学、又能教。他们的语言或许是稚嫩的，但却在用心阐述自己的理解。在课堂交流中，师生相互促进，学生不仅接受知识，也在表达知识，学与教融为一体。课堂上，学生会的，教师不讲。学生中有会的，有不会的，让会的学生讲给不会的学生听。学生能讲的，教师不抢着讲。学生能讲清楚的，教师尽可能不重复讲。教师讲的，是学生不能自主学会的内容。

这学期我执教三年级，在课堂上我将课堂交给了学生，特别是在期末复习时，课堂上我放手让四人小组整理知识结构，整理完后学生就跃跃欲试地走向讲台，我放手让他们自己讲解。刚开始，学生还不敢往黑板上写、画，讲一下停顿一下，小眼神还时不时地偷瞄我，好像非要获得了我的肯定才要继续讲下去。后来，他们慢慢地放开了，其他同学还时不时地提出自己的问题，补充完善过程，最后才轮到我，我只需稍加总结和提升一下方法。在复习课上，学生真的没给我讲的机会，就取得了较好的效果。

三、课后有“问题”的课堂才是好课堂

一直以来，我们都认为课堂教学过程是一个释疑、解惑的过程。“完美的课堂”就是在下课铃响之前解答了学生的疑惑，让课堂教学画上一个圆满的句号。读了《重新认识课堂》，我意识到如果以学生的发展为目的，课堂应该从问题开始、以问题结束，问题应该贯穿课堂教学始终。课堂结尾，不应该是画上句号，而是添上问号，要让学生的思考从课内延展到课外，学生的思考不谢幕。

教师日复一日，年复一年地上课，但我们的课堂是否总是在重复着昨天的故事？我们到底认识课堂吗？只有当我们每天上课前都带着“美好即将发生”的心态走进课堂，只有当我们和学生不断学习，“每天进步一点点”的时候，才能遇见真实的、理想的课堂。

师生在课堂中生长

——读《陶行知教育名篇精选》有感

郑生丽

这个暑假我再次拜读了《陶行知教育名篇精选》，又一次被陶行知先生高尚的人格和对教育的热爱之心震撼。陶行知先生提出的教育理念为中国的教育工作者们提供了很好的指导。再次阅读此书，作为一名从教17年的教师，我对自己今后的教育教学有了更加明确的努力方向。现将自己的所学、所想、所悟记录如下。

陶行知先生是我国知名的教育家，毛泽东赞扬他是“伟大的人民教育家”，郭沫若称赞道“两千年前孔仲尼，两千年后陶行知”，可见他对中国的教育具有深远的影响。从陶行知先生的座右铭“捧着一颗心来，不带半根草去”就可见他对教育发自内心的热爱。生活教育的理论是陶行知教育思想的主线和重要基石，陶行知教育理论主要包括：“生活即教育”“社会即学校”“教学做合一”三个方面。他的教育理论为进一步提高我国的教育质量，拓展教育途径提供了有利的依据。

生活即教育。陶行知先生认为，生活具有教育的意义，具有教育的作用；生活决定了教育，教育不能脱离生活；教育为改造生活服务，在改造生活的实践中发挥积极作用。教育的目的就是让人适应生活，生活教育是生活原有、生活所必需的教育。教育要以生活为中心，而不是以书本为中心。作为一名小学数学教师，我们在教授知识的同时，更应该教授学生如何生活，让学生发现生活中处处是学问，让学生感受到学习的乐趣，这样的学习才是有效的。

社会即学校。社会决定学校，学校为社会服务；学校的目的是促进社会进步、促进社会发展、改善人民生活；陶行知先生把整个社会、整个人生都列入生活教育的范畴，把社会教育、家庭教育、终身教育三者联系起来，构成一个完整的大教育体系即社会终身教育体系。人的教育不能仅仅依靠学校，孩子的学习习惯、生活习惯、社交关系等，都需要家庭教育和社会教育及学校教育的结合。纵观当今的教育，不乏高分低能、抗挫折能力差等问题学生。有些家长认为，孩子只要学习好，其他的一切都可以不用计较，所以出现了很多的陪读家长，孩子只负责学习，家长负责一切生活琐事。这样当然给孩子提供好的生活条件，解除孩子的后顾之忧没有错，但是孩子力所能及的所有事情全由家长代办肯定是不行的。家长的教育问题是摆在我们面前的一大难题，有时候作为教师的我们，在家长会上还需要扮演好家长老师的角色，尽量让家长在教育孩子的问题上少走弯路。近年来我们发现一个现象，成绩很好的孩子，在经历一次考试失利，其实也算不上失利，比如从永远的第一，成为了第二或者第三，孩子就会想不开，做出很过激的行为。这些现象的背后正是我们的家庭教育和社会教育出了问题。我们需要反思，为什么这些事很多时候都发生在这些孩子身上？我们需要培养的人到底应该是怎样的？培养德智体美劳全面发展的社会主义建设者和接班人，需要整个社会的共同努力。

“教学做合一”用陶行知先生的话说，是生活现象之说明，即教育现象之说明。在生活里，“对事”说是做，“对己之长进”说是学，“对人之影响”说是教，“教学做”只是一种生活之三方面，不是三个各不相联的过程。“教学做是一件事，不是三件事。我们要在做上教，在做上学。”他以种田为例，指出种田这件事，要在田里做，便须在田里学，在田里教。在陶行知看来，“教学做合一”是生活法，也是教育法，它的含义是教的方法要根据学的方法，学的方法要根据做的方法，“事怎样做便怎样学，怎样学便怎样教。教而不做，不能算是教；学而不做，不能算是学。教与学都以做为中心。”由此他特别强调要亲自在“做”的活动中获得知识。

三年前，学校为每一位教师推荐了《陶行知教育名篇精选》这本书，在陶先生教育理念启发之下，针对我校中高段数学教师普遍存在的情况，例如，教师表述过多，学生思考较少，课堂氛围不够活跃，我们学校提出了“生长课堂”教学模式。我们的“生长课堂”指的是以满足学生的生长需要为目的的课堂教学形态。具体来讲，是教师以学生生命成长及全面发展的需求为原则，教师让学生在课堂中多表达、多参与、多议论，让学生在做中学、学中长；老师在课堂中多放手、多组织，和学生一起探讨收获并共同成长。“生长课堂”改进了我校教师固有的课堂理念，丰富、完善了我校教师固有的教学行为，将课堂教学的着眼点放在学生“终身发展”、“个性和共性发展共存”上来，革新了教师对课堂“教学”关系的认知。教师有创新意识，思维开放，能更好地变“要学生学”为“学生要学”。我们应充分理解学生才是学习的主体，只有激发学生的学习积极性才能更好地促进他们生长。经过一段时间的摸索，我们惊喜地看到，我们的学生在课堂上更加自信、更加投入了，学习效果当然不言而喻。我们的老师和学生在这样的课堂氛围中共同生长着。

语境中学语文

——读《让孩子踏上阅读快车道》有感

彭　丽

“海量阅读”是这本书中提出的关键词。

大量的阅读在韩老师班上的学生身上显示出了不凡的效果，可见这一教学方法是有实效的。看到这一例子，让我想起了关于学习英语的问题：英语笔试成绩好的未必说英语好；不怎么会说英语的人，到英语地区生活上一段时间后，英语水平直线上升。在我看来，海量阅读之所以成就了学生语文素养的发展，就在于它为学生提供了很好的语言学习环境。

“学以致用”，学的目的在于运用。我常跟我的学生们说：“语文是什么？不是这道题的答案，不是多少分，而是你心里想的、嘴里说的、眼里看到的、笔下写出来的。”语文和数学不同。在数学中，条件和结果之间是需要理性的运算的；而在语文中，从A到B则是一种表达，一种感受。学数学的过程中，看再多的结果，如果缺少中间过程，那也是白搭；而学语文时，则只要看多了从A到B，那就会把A跟B建立联系，至此，看到了就能感受到，感受到了就能表达出。

所以语文就如英语一样，需要充分的语言环境。韩老师的教学故事让我深深地意识到这一浅显的道理在我们平时教学中的缺失。

我们按部就班地教学，是把语文当作了数学来教，想让学生对一个字、一个词、一句话、一段话理解透了，那想来一篇文章，他就能理解、能用了。——可笑啊！又不是天才儿童，怎能如此要求呢？

一名学生一周在校五天，一天约八小时，上课约四小时，上语文课又能有多少时间？而一节课中我又让学生接触了哪些语言环境呢？生活中他们又能接触些什么呢？

学习拼音，不遇生字就没用；学加偏旁组字，生活范围不广的，也没用；比喻句，生活中也大都用些浅显的、调侃的话语，所以学生也就造那种水平的句子；优美的句子，你平时说话时会那样说吗？……生活中没有那种语言环境，怎么能要求学生学得好呢？这中间是没有公式可供运算的呀！

若学生只接触单一教材，语文水平不高应当是可以预料的。而海量阅读则解决了这个问题。在阅读中，学生要面临生字新词，为了读，须解决——拼音、偏旁；在阅读中，学生要读懂，就要让字、词、句、篇之间建立联系，多读理解力则指日可待——你是如何知道“Come on！”那么多的意思的？自然是经常看到它的存在啦！

语文的学习有很大一部分是记忆和感觉。而记忆的巩固有赖于对记忆内容的提取，复现是提取的一种好方法。在阅读中，课堂所学必然会反复出现。而丰富的阅读内容，更有利于弥补学生生活中的空白，建立更多的感觉。语文学习从而水到渠成。

从海量阅读去反思我过去教学的某些片段，非常想笑——那些微言大义、作者苦心从我嘴中跳出时，学生们该是多么的茫然不知所措呀！

当然，语言环境的丰富一定要符合学生的年龄、智力及生活。我想这也是韩老师将这浅显的道理做得不浅的地方。她煞费苦心选择符合学生身心特点的读物、经典优秀的读物、内容丰富的读物，这才促成了一个充分的语言环境，让学生们的语文水平得以快速发展。

海量阅读，为我作出了一个深入浅出的成功示范。韩老师的具体做法、过程中是否还有可探究的内容，还需要在实践中思考。

从好书中汲取养分

——读《于永正课堂教学实录》有感

曾　凤

苏霍姆林斯基说过：“无限相信书籍的力量，是我的教育信仰的真谛之一。”教师这种特殊的职业决定了每一位教师都要成为“读书人”，这是一种召唤，一种义务，也是一种责任。我们要做一名合格的人民教师，就要顺应时代的发展，通过各种渠道来充实自己，而读书是最好的方法之一。

最近读《于永正课堂教学实录》，虽然只是粗浅一读，却仍有颇多感触。读着于老师的课堂实录，情不自禁地融入课堂，自己俨然已经成为一名幸福的小学生。这里主要谈谈自己的几点感受与收获。

一、欢笑声，在课堂中洋溢

读着于老师的课堂实录，我仿佛不停地听到“哈哈——哈——”的笑声。这应该是在于老师课堂中经常听到或经常发出的声音，这样的课堂总是给人一种轻松、惬意之感，你会在不经意间走进学习语文的教学情境之中。读于老师的教学实录，我还发现于老师为了让孩子们学得有兴趣，可真是使用了十八般武艺。为了让孩子们明白一个词语的意思，于老师只需寥寥数笔，孩子们就能从形象的画面中找到答案。例如，在《草》这一课中，为了让学生理解“草原上的草长得怎么样呢”，于老师顺手在黑板上画了一幅“草原图”，学生看了老师的图后，很快就能说出“草原上的草长得很高、很密”“草原上的草长得很茂密，一棵挨着一棵”等这样的句子，进而很快领悟到了“离离”的意思，说明形象化的教学方法在低年级教学中是不可少的。

另外，为了让孩子们更深刻体会文本，于老师可以一人出演多角，可以是“耳背”的老奶奶，也可以是狡猾骗肉的“狐狸”。同样是教学《草》这一课，在最后背诵这一环节，于老师扮演了孩子的妈妈、哥哥、奶奶三种角色，在背诵的过程中，教师寓教于嘻，寓教于谐，把教学效果推向了高潮，获得了很好的教学效果，这是于老师戏剧化的课堂，却很好地把检查跟语言训练结合起来了。为了让孩子们学习兴趣更加浓烈，于老师还可以用他那独有的嗓音唱上一小段京剧……真所谓于老师的教学风格是“唱、念、做、打”自成一体。

二、激励，在课堂中贯穿

于老师说：“如果说教育的第一个名字叫‘影响’，那么它的第二个名字便叫‘激励’。”细细品析他在课堂上对孩子们激励性的评价，一节课中很难得有重复的，他不是简简单单的一句“好！”“棒！”正如于老师自己所言，激励有五大原则：针对性原则、实指性原则、引领性原则、及时与重复性原则及鼓动性原则。正因为如此，在于老师的课堂上总能听到“你写的字真棒！有点柳体的味道。”“我很欣赏你朗读的语气，就像说话那么自然！”“你居然会正确使用分号，说明你头脑很清晰！”“你是一位会动脑筋的小朋友！”“说得太漂亮了！”……而反观我们的课堂上，我们对孩子们的评价是否太过于随性、单一？这样的单一怎能让孩子们产生成就感？是否正是我们自己课堂上的随意性渐渐削弱了孩子们上课举手发言的积极性？这样的反思，我相信于老师的课堂已经给出了答案。

三、智慧，在课堂中生成

于老师的课堂上，孩子们随处都能绽放出智慧之花。在《狐假虎威》

中，孩子们通过对人物的评说，明白了邻里和谐互不相欺的重要；在《秋天的怀念》中，孩子们通过品读母亲最微小的动作，懂得了母爱的无私与伟大；在书写“奉”字中，学生明白了“不过”“无不及”才好的深意……人生真知，于老师总是不着痕迹让孩子们感受，在悄然无声中润泽了孩子们的生命。如此高超的教学技艺，让我叹为观止！

相比较而言，想想自己看消遣类的书倒是花了不少时间，教育方面的书籍，我总是率性所至，囫囵吞枣，常常是没有看完便束之高阁。想想于老师，我真是惭愧！但我相信：只要行动，就有收获！今天，当我们欣赏名师课堂上的游刃有余、韵味无穷时，背后正是一路辛苦的奔跑与一份梦想的坚守！同时也希望我们在名师的引领下，用读书来磨砺自己的底气，以一种淡然的心态，从容的行走方式，让我们的教学生命不断绽放更美的风景。

轻轻合上于老师的实录集，再次看着封面上这位春风满面，和善可亲的长者，除了崇敬还是崇敬！

课堂，与学生的未来有关

——读《课堂上究竟发生了什么》有感

龙　琴

“教育必须面向现代化，面向世界，面向未来。”这是邓小平给北京景山学校的题词，这也是读罢王栋生《课堂上究竟发生了什么》一书后，我首先想到的一句话。书里“课堂，与未来有关”这部分内容给我留下了深刻印象。它强调教育除了要想着这节课应该达到的效果外，更要考虑到学生未来的发展。

叶澜教授说：“教师使命不断变化，不变的是教师始终须对人的一生负责任。”作为教师，他关注儿童、青少年的精神世界以及整个生命的发展。叶澜认为教育应该着眼于整个生命发展的过程，看到学生在未来的生活中所需要的必备品格和核心能力，从而有意识地引导学生走在正确的轨道上。

一、自省“立人”，“教学”发生

成就与未来有关的课堂，关键在教师这一课堂的提供者，那什么样的教师才能在课堂中考虑到学生的未来呢？王老师在书中如是说：“我认为中国教育最需要的是人道精神，要通过教育唤醒人、发展人。”在这个过程中，最重要的是教师的觉醒，教师要有自省意识。教师只有首先成为一个活生生的人，才有可能去唤醒别人，才能面对生命的课堂，“教学”才有可能发生。教师的成长和学生的成长一样，要成为一名优秀的教师，首先要

"立人"。

首先，要正确认识自己。教师是一个真实存在的人，无须把自己神化，更无须在学生面前将自己包装成十全十美的完人，应该让学生面对真实的教师个体，让教育更加真实自然地发生。

其次，需要教师不断自省和反思。归因、反思与迁移是个人成长与发展过程中不可或缺的三种品质，无论一件事成功与否，不同的人都有不同的归因，积极的人总会将成功或失败归为内因，从自身出发，寻求经验和教训。正确的归因是反思顺利进行的第一步，教师只有通过正确的归因和不断的反思才能实现自己的快速成长，正如前人所言"最好的教育是自我教育"，只有经过深刻反思的事件，才能在自己成长的路上留下深刻影响。

再次，教师应用自己的精神品质为学生传递精神能量。"教育就是一棵树摇动另一棵树，一朵云推动另一朵云，一个灵魂唤醒另一个灵魂。"教育的根本任务是关注人的精神世界，教育的根本法则应该是像云朵推动云朵一样地靠人的精神力量去影响他人的心灵，促进他人精神力量的健康成长。那么，就让我们怀着对树的崇敬与对云的向往叩问自己：怎样才能使我们诗意地栖居在我们的工作中？我们的心灵也具有树的扎实深厚、云的轻盈灵动吗？我们的生命也像一棵树一样生长在厚实深沉的生命沃土之中吗？我们的灵魂也像那朵云一样生长在澄澈明净而高远的碧空中吗？如果不，我们又要去哪里才能找到那片土地与那片天空……想到这里，我不禁忐忑，如果我们的精神世界不丰盈，生命不丰满，又如何去摇动、推动、唤醒学生呢？

二、不断学习，丰盈羽翼

如此，便对教师提出了自我提升的要求。"灵魂与身体，总有一个在路上。"当你发现自己在教书育人的过程中有越来越多疑惑、越来越感到迷茫时，那就该出去看看这个世界。虽然，现实情况所限，我们很少能做到这样，但我们可以向往这样的生活。教师，需要不断走出去，需要不断接受新的教育思想，需要看看外面的世界正在发生什么，如果身体不能走出去，那就让优秀的灵魂来影响你，即读书、不断地读书。教师对自我的不断充实和提升，其知识、见识、精神气质都将在学生身上留下痕迹。

三、不忘初心，引领学生

课堂，与未来有关。与未来有关的课堂，我认为应该教会学生以下几点：一是好习惯；二是对生命的珍视；三是对弱者的同情；四是对美好生活的追求，等等。好的习惯影响孩子的一生，特别是小学阶段，习惯培养的好坏直接决定着一个孩子能在未来走多远。生命是值得我们每个人珍惜的，对生命的敬畏中包含了孩子本性的善良，也是隐藏在我们内心中监督我们每一个人为善的力量。懂得对弱者的同情和帮助会让社会更加和谐，更加人性化，当你的学生在未来手握重拳，他最好能首先看到生活在社会底层的弱者们，并且为他们解决实际问题。我想，这种素养的形成在学校教育中、在我们的课堂中就应该教给孩子。对美好生活的追求，是每个个体的本能愿望，但能坚持初心并坚定不移地为之奋斗却不那么容易，所以有人成天无所事事得过且过，甚至有人仇恨社会采取极端手段伤害无辜之人，我们不希望看到我们的学生误入这样的歧途。我们要用积极乐观的生活态度影响学生，用明亮的眼睛发现学生，用智慧的方法引导学生。

每节课，都与未来有关。愿我能领会并吸收王栋生老师《课堂上究竟发生了什么》这本著作的精神思想，让自己的教育之路越走越踏实、越走越幸福！

合作学习在小学英语课堂上运用的思考

——读《课堂，可以这么有声有色》后的感想

黄　红

最近我读了郑英的《课堂，可以这么有声有色》这本书，整本书分为两辑，第一辑主要讲教师课堂上存在的问题以及这些问题的解决策略，第二辑则是讲教师如何提升自己素养。

郑老师在第一辑中开篇时说："真正美好的课堂，要让生命在场。它具有生长的力量，能唤醒学生，会感叹'幸逢其时'，并愿意自己去奔跑、去探寻、去创造。"这个部分共有六个方面的问题：第一，课堂，请走出"伪生成"的沼泽；第二，警惕课堂走入"伪合作"的岔道；第三，找回失落的主导——教师的讲；第四，莫让"提问"变"问题"；第五，别让情景之汤变了味；第六，平衡好课堂评价的天平。

其中给我印象最深的就是第二条"警惕课堂走入'伪合作'的岔道"，因为这正是我们小学英语课堂面临的问题。郑老师从合作学习的想象、成因和提高合作学习实效性的策略方面详细地进行了讲解。

我从这些详细的讲解中学到了许多，特别是合作学习在英语课堂上的实效性。一堂有效的课不在于教师教得如何精彩，而在于学生是否学得主动。有人说：一堂有效的课首先应是"学习课"，而不是单纯的"教学课"；也有人说：一堂有效的课应该有"个性化"色彩，不应该是"标准件"。教师善于启发的目的是给学生创造合作条件，以调动学生的积极性，使学生在合

作时积极主动地去探索、获取、学习、运用新知识。

一、教师存在的问题

我发现不少教师，在设计合作活动时只注重活动的趣味性和学生的主体性，却忽视了活动的有效性，忽视了教学内涵的体现，合作活动流于形式。课堂看起来轰轰烈烈，热热闹闹，但一节课下来，学生却没得到什么。课堂中出现了很多无效现象和低效现象，从而导致课堂教学效率低下。此外，在现实生活中存在种种不利于我们教学的因素，如学生不爱学、家长不够重视等状况，甚至英语课成为众学科中的“丑小鸭”，这就大大影响了合作学习在课堂教学的实效性。虽然我们的课堂看似只有师生或者生生的互动，但其实有效的课堂教学也离不开家长、学生、教师多方面的支持和配合。

二、学生存在的问题

低年级学生刚开始学英语时，兴趣很浓，课堂上的合作学习让他们乐此不疲。“喧闹”后，教师让学生静下心来思考问题时，学生就不情愿了，因为学生的兴奋点被抑制了。久而久之，学生就失去了参与课堂活动的热情。高年级学生的语文数学学习的难度增加了，特别是六年级，作为小学毕业生来说，由于面临升学的压力，很多孩子把主要精力放在语文数学科目的学习上，对英语的学习就相对减弱。但是，学习兴趣浓厚、在学校英语学习中名列前茅的学生仍然能很好地掌握进一步的语言学习。可是在前两年的学习中没有很好把握此学科学习的学生，由于自身基础差、学习能力弱、纪律约束性差，就出现了掉队的现象，加大了两极分化。另外因高年段的学生一般班额较大（一般是五十至六十不等），加上一名英语教师要承担几个班甚至两三个年级的教学任务，作为科任的英语教师很难有时间对这部分学生做到良好的辅导，所以要使每位学生都能良好地掌握英语是很难实现的目标。合作学习在高年级课堂上会更多地频繁使用，因为很多学习任务都是需要合作完成的，因此提高合作学习在课堂上的效率势在必行。

三、如何提高合作学习在我校课堂上的效率

首先，教师要明确该合作学习的目的。小学英语课堂上，运用在不同地方的合作学习有着不同的目的。有效的合作学习要以教育目的为依据，沿着“教育目的—课程目标—教学目标”逐渐具体化，在每一课中发挥其导向功能，把教学目标落实到课堂上，让每次课堂上的合作学习都能有效。

然后，教师要明确合作学习的规则。每种合作都有各自的规则，当你首次运用某种合作学习的时候，一定要提前让学生清楚该合作怎么进行，如果你是在课堂上说，那就应该运用简洁明了的语言告诉学生，这样可以节约一定的时间。

教师还要明确参与合作学习的学生的职责。这点特别重要，只有我们清晰地告诉每组学生合作学习时每个孩子该做什么，才能保证合作学习不会混乱。

最后，教师要动态地调节好各种合作活动。这点是教师在课堂上需要做的事情，我们并不是把合作学习任务布置下去后就不管学生，让他们自己完成就行了。为了有效地上课，我们需要精心设计每堂课，确保每次学生的合作学习有效地进行。但是，这种预设不应当是铁定的限制教师与学生探索、创造的框子；课堂上的教学操作也不应当是“教案剧”的剧本上演。有效的合作学习不仅是一种静态的架构，而且必须是一种动态的运作，它表现出“因材施教”的特征，这要求教师能主动适应课堂情境，采取积极的调节方式，保证学生合作学习高效进行。

正如郑老师据说，“合作学习绝不是一个外力强制过程，而是一个唤醒内部需要的过程；绝不是简单的形式，而是要求形神兼备，内外统一；绝不是一种形式上的结论，而是一种对接也融洽；绝不是一种可有可无的点缀，而是一种方法与品格的形成”，英语课堂上的合作学习更不允许教师过度讲解，而应该唤醒学生主动学习的能力，这样才能更好地锻炼学生听说读写的能力。

当诗歌插上“翅膀”？

——读《阅读教学教什么》有感

曾　凤

古诗词是古代文人墨客留给我们的宝贵精神财富，是中华文化的精粹所在，从小培养学生鉴赏诗词的艺术情操是小学古诗词教学的重要组成部分。寒假有幸捧读王荣生的《阅读教学教什么》，其中谈到的“诗歌教学如何教”让我如获至宝。

王荣生先生谈道：从文本特征的角度看，诗歌具有强烈的情感（抒情性）；想象力丰富，呈现出跳跃性结构（想象性）；语言凝练，讲究陌生化，节奏与韵感强（音乐性）；有特殊的表现手法和技巧，如起兴、象征、隐喻、意象等。诗歌的抒情性、想象性、音乐性，决定了诗歌教学应重感悟体验、重二度创作、重感情朗读等。联系小学的诗歌教学，于教师而言，是难教的，难在诗歌内容大都是诗人即兴有感而发，内容“活”，不好把握，教学中也不适合抓住条条框框“直解”，但好在儿童是天性“近诗”的。因此，诗歌的教学，必须依靠孩子的形象思维和直觉思维，从激发学生的想象力着手，重感悟体验，重感情朗读！

一、注重多种方式的读（范读、品读、诵读）

诗歌带有很强的音乐性，音调和谐押韵，读来琅琅上口，容易把起伏变化的情思带出来。教师在教学时应该注重让学生感受诗歌的韵律之美。对于小学生而言，其理解能力和生活经验都有限，可能读了一首诗，一时说不清诗美在哪里，但是反复诵读，慢慢积淀，自然能读出感觉，陶冶情操。

第一，听范读。范读主要有语音范读和教师范读，范读可以帮助学生把握诗歌整体感情基调，进而激发诵读的热情。第二，品读。品读是在品味诗歌的基础上朗读，再进行想象。品读要让学生更好地体会诗歌的妙处，不是机械地为“品读”而“品读”。例如，王维的《送元二使安西》中的“客舍青青柳色新”，“新”字要重读，教师引导学生品味“新”字的妙处，让学生想象渭城经过一番春雨洗刷后“焕然一新”的景象，这样学生更能体会出渭城的“生机勃勃”和“新意”，也更能感悟到“劝君更尽一杯酒，西出阳关无故人”的不舍与忧伤。第三，诵读。小学阶段最重要的就是诵读。诵读可以采取各种不同的方式，这里特别强调学生的自由吟诵，这是一种自我陶醉式的诵读、个性化的诵读，可以给学生更大的发挥空间，自我沉浸到作品中去。学生完全可以按照自己的方式去读，只要能沉浸其中，读出自己的感觉与体验就好。

二、读中尊重个性，重感悟

教师要给诗歌教学腾出灵活的空间，这样学生的收获肯定会更大。当然，由于小学学制为六年，学生的学习方式有很大的不同，小学阶段的古诗词教学可分低段和中高段。小学低段的古诗教学要求学生要大致理解古诗的含义。因此，教师可以大致讲解，但切忌逐词逐句讲解，否则，学生不但不能理解，反而失了兴趣。只要学生能懂就行，懂多少并不强求。学生到了小学中高段，教师要注重引导学生学会理解诗歌的情感韵味，也就是更重感悟。学生很多时候的感悟可能是经验式的、直白式的，甚至可能是模糊的，但无妨，这就是个性化的诗歌欣赏，要尊重。因为这样有个性化的感悟，对于死板僵硬的教条式的教学而言，是一种突破，是人性化的，这样也让诗歌鲜活有生命力了，所以我们更不必拘泥于所谓的标准答案！

三、教师插上想象的翅膀，帮助学生想象

诗歌是有生命力的，于不同人眼里韵味各不相同。可如今的诗歌教学效果不好，原因是把诗歌“教死”了，缺少“诗味”，无法调动学生的想象力，更无法把诗歌教学“教活”。这其中一个重要的原因是教师本身不热爱诗歌，自己对于诗歌的理解是枯燥乏味的，没有想象力，对于诗歌缺乏审美力，你说这样的教师能让学生充满想象，“教活”诗吗？

教师首先让自己成为一位诗作爱好者。对于诗歌的教学要下工夫。这种下工夫并不是所谓的找找相关的备课资料、教参、课件，然后把它们拼接起来，加上一点自己的理解设计成自己的教案；抑或是教师对于今天要上的《静夜思》《春晓》这些诗已经烂记于心了，已经教过多次了，根本不用重新去细读，更不用根据学情设身处地地考虑学生在学这些古诗时会产生哪些问题或感受。这两种情况的备课都属于应付了事，并无热爱而言。所谓下工夫，是指教师自己能静下心来认真品读诗歌，充分调动自己的感官、思维去想象，走进每首诗歌所描绘的意境里，获得自身的体验和感觉。这样，这首诗歌在教师的热爱下便“鲜活”了。当教师走进课堂里，带着有生命的诗歌在教学，这样的诗歌教学也便有了生气，更能激发学生的想象力，引导学生产生共鸣，这难道不是教师“先插上想象的翅膀，帮助学生想象”么？

改变学生课堂表现，从爱开始

——读《改善学生课堂表现的50个方法》有感

龚定华

“优秀的教师是积极热情的，能看到学生的闪光点，知道自己具有强大的力量，足以触碰学生的心灵并影响他们的未来。他们懂得通过关心、认可、鼓励学生，让学生不断进步，每天都有更好的表现。”看到这段话，我不禁陷入对自己三十年从教生涯的回忆之中……“学生是孩子，都会有孩子的天性。”他们不能像成年人一样决断，他们不会做那些成年人认为最好的事情……“很多时候，他们都不能自控。所以这就是他们需要我们的原因。”这朴素的几句话给了我很大的启发。

1996年秋天，我刚上班，接到了一个四年级的班级。班上调皮的孩子不少，其中一个学生A，不爱卫生，喜欢拿别人的东西，学习成绩也差。面对这样的孩子，以前的班主任和学校里的其他教师都流露出厌恶的情绪。训斥？惩罚？好像无效。耐心说服教育？依然如故。对于学生反复出现的不良行为，教师们都劝我别管了。

懊恼，疑惑，失去耐心，甚至开始怀疑自己。让学生难堪，这不仅不利于课堂，还会伤害师生关系。学生不仅会不喜欢教师，还会对该门学科失去兴趣。皮格马利翁效应里提到过，不管你的学生如何，在你的心里应认为他们都是最棒的、最好的，加上你投入自己的爱和心，不久以后你会发现，所有学生都变了，变成了你心里所希望的那样。我赶紧安排了一次家访。经过几公里弯弯曲曲、坡坡坎坎的山道，终于到了学生A的家。低矮的草房子破破烂烂，沉默的父亲右手残疾。说起自己的生活，这个老实的汉子不免哀叹连连：残疾人没劳力，家里穷，老婆跑了，儿子没人管啊！说完，他呷了一口酒。我找到了问题的症结。从那以后，学生A只要表现好，我总会给他一些小奖励：钢笔、橡皮、直尺……学生A开始对语文课感兴趣了。

初冬时节，小路上已经凝满霜渣。早晨，薄雾中的学生A流着鼻涕，赤着通红的双脚来到教室门口。其他学生发出一阵哄笑，因为他走路一瘸一拐。我摆摆手，学生们止住了笑。下课后，我立刻骑上自行车，到十多里外的集市上买了一双鞋、一双袜子。回到学校，我把学生A叫到办公室，倒上热水，把他长着冻疮的脚上的泥土洗去，然后给他穿上了袜子、鞋……课堂上，学生A越来越积极，其他学生听见老师的表扬，也变得越来越认真……

这本书提供了改善学生课堂表现的50个方法，大多是从与学生建立良好关系的角度出发的。教师通过关心、认可、鼓励学生，改善学生的行为，进而改善学生课堂表现。教师应热情地与学生打招呼，相信学生，用热情感染学生，关注学生的兴趣，当着别人的面夸奖学生等。这些都是在强调与学生的相处。只有先把关系处理好了，教师的教学任务才能顺利完成。

回忆起这两年的教学生涯，我深有感触。学生B是个三年级的小孩子，却有一股霸气。小孩子被他欺负，大孩子也被他欺负。我明白，处理好学生B的问题，班上的所有问题都会迎刃而解。我把学生B叫到办公室。谁知，他一副趾高气扬的样子，完全不把我放在眼里。杀杀他的邪气！我打定主意，狠狠地瞪着他，足足五分钟不发一言。他见我这样子，有些愣神，然后垂下了头。我缓缓说道："聪明的孩子做聪明事，你聪不聪明？"他昂起头，挑衅地说："我就不做乖孩子，怎么嘛！"我一把把他拉到跟前。他吓了一跳，狠狠地说："我叫我哥打你！"我笑着说："我才不怕你哥打我呢！你哥那么聪明的人，肯定知道老师是在教育你，他会支持我的。不信，你回去问他。"他顿时傻了眼，好像没遇到过这样的对手。

我知道，先要解决好家长的思想问题，才能从环境上改变孩子。于是，我天天骑摩托车载着学生B回家。他有些得意，也感到满足。和家长充分沟通后，家长认识到了自己的言传身教对孩子的影响。课堂上，学生B只要回答问题，就会得到老师的肯定；下课后，我会教他打乒乓球、打篮球。

十年后，也就是2008年春节，当学生A和学生B同时到学校看望我的时候，我很意外，也很满足。

这本书也强调了积极的情绪在课堂中的作用，如“让课堂充满欢笑”“做一个乐观的教师”“微笑吧”等。同时，在心态上，我们要学会控制自己，保持良好的职业素养，做学生的榜样。尽管学生每天都会出现各种状况，但是只有先调整自己的心态，每天快乐地面对学生，快乐地工作，才能带来意想不到的收获。其实，周围的同事中也不乏这样的人，把悲伤留给自己，把快乐带给别人，往往这样强大的教师才能赢得学生的心。学生的课堂表现是影响学生成绩的关键因素，只有当学生的行为有所改善后，他们的成绩与各方面的能力才会相应提高。一个积极向上的教师，一定会潜移默化地感染、影响自己的学生，尤其是小学阶段，整整六年的光阴，能让你有足够的时间改变学生。这本书教给我们的不只是教育学生的方法与技巧，更是一种教育的理念，一种新的师生关系。只有教育理念的改变才能带给我们教育行为的改变。

给思维“四度”空间　让精彩洋溢课堂

——读《可见的学习》有感

彭诗韵

一、在小学英语教学中培养学生创造性思维的重要性

两千年前我国教育学家孔子就曾提出“学而不思则罔，思而不学则殆”，教育一定要注重学生的思维品质。新课标指出学生在学习中应占据主体地位，所以教师在日常教学中应积极发挥学生的主观能动性，应有意识地培养学生的创造性思维。创新能力是促进一个国家进步的动力，创新人才也是当前社会发展中最为需要的人才。从心理学角度上看，教师在培养学生创造性思维的同时也会激发学生学习的兴趣，促使学生自发地学习英语，并且在其中获得无法比拟的成就感，从而提高了学生的学习品质。

思维是创造力的源泉，要在教学过程中培养创新型人才，首先需要在教学过程中培养学生的思维能力。也就是说，加强学生创造性思维能力的培养，有利于满足社会对于创新型人才的需求，促进社会的进步与发展。

二、在小学英语教学中培养学生创造性思维的策略

（一）演一演，让思维深刻起来

角色扮演是英语课堂教学中最常用的教学方法，也是很受学生欢迎的一种教学方式，而且同时它也可以优化教学过程，增强教学效果。美国的艾帕尔·帕拉别思曾指出：“信息的总效果=7%的文字+38%的音调+55%的面部

表情和动作。”小学生好奇、好活动、爱表现、善模仿，他们喜欢新鲜事物，喜欢形象生动的东西。角色扮演具有趣味性、灵活性的特点，在小学英语课堂中有非常重要的作用和影响。角色扮演可以很好地活跃课堂气氛，激起学生的兴趣。情景的创设可以调动学生潜在的积极性和强烈的表现欲望。教师可以多创设一些同日常生活以及个人际遇密切相关的情景，学生可以根据自己已有的经验和相关的信息，再通过自身主动地加工，和同学团结协作，引导他们演一演，完成课堂任务。这就是情景教学，创设具体生动的场景的同时也激发学生的学习兴趣，锻炼了他们的思维能力，让思维深刻起来。英语思维，便是新课标下学生语用和思维能力的综合体现。

（二）读一读，让思维活跃起来

在小学英语教学中，应着重阅读教学，在其教学过程中，教师应该对学生进行有效的课堂提问，这样可以激发学生的兴趣，培养他们的发散思维。尤其是在小学阶段英语教学书中，文本中有很多插图，教师可以合理借助文本中的插图，让学生通过看图、思考图来获取信息，这有助于培养学生的观察力并形成一定的预测力。同样的，在绘本阅读教学中，教师可以先让学生观察图片，自己联想，教师也可以有目的性地设计发散式的问题，增强思维发散与知识交叉，这样可以让学生循序渐进地理解文本，形成有内在逻辑联系的问题链和知识块。

阅读后，教师还可以根据实际情况进行教学后活动，如续编故事、改编故事等，这样可以进一步锻炼学生的思维能力。尤其是小学阶段的学生，他们需要大量阅读英语文章，从而培养他们的英语思维。在绘本阅读教学中，应当多设疑，根据封面或者课文图片提出问题，例如，故事的主角是谁，画面的色调是冷色调还是暖色调，看到这个图片你联想到了什么，等等，一系列问题引发学生的思考，培养学生的思维能力。

（三）画一画，让思维“厚重”起来

思维导图属于一种放射性的创新思维方式，是通过人的五官去感知客观事物后在脑海中反射的一种图文并茂的形式。思维导图主要由关键词及关键

图像构成，使学生借助关键词联想并深入思考，加深学生的印象，使枯燥复杂的问题化为生动有趣的图画框架。

利用思维导图可以锻炼学生的创造性思维，培养他们的想象力，增进他们的理解和记忆能力，这样就能双倍地提高学习效率。学生在创作思维导图的时候会使用颜色、形状和想象力，这样会极大地激发右脑。思维导图就是要利用关键词学习，让学生把主要精力集中在关键的知识点上，节省了宝贵的学习时间。帮助学生做积极的倾听者，引导学生学会关键知识点之间的连接线，以便积极主动思考，快速系统地整合知识，融会贯通，发展创造性思维。思维导图具有极大的可伸缩性，可顺应大脑的自然思维模式。能够将新旧知识结合起来，把新知识与原有认知结构相结合，改变原有认知结构，把新知识同化到自己的知识结构中，建立新旧知识之间的联系。

（四）写一写，让思维自觉起来

在英语写作教学中，对于学生而言，写一篇完整的文章需要查阅资料并整合分析。在其完成文章的过程中，需要做到重点突出，条理清楚。在提高写作能力的同时，也提高了阅读分析能力。写作作为人类表达自己思想的途径，在人类发展中具有重大意义。写作之前需要收集大量的资料并分析，进行思维的整合，在这个过程中锻炼思维能力。

在当前，现代社会发展最需要创新型人，所以教学要以培养学生的创造思维能力为重要教学目标。英语作为一门通用性语言，教师更应思考如何在小学英语教学中培养学生的创造性思维，开展多样化的教学活动、创设有趣的教学情境、鼓励小组活动、实现创新评价等都可以激发学生的创造性思维。在未来教学中，小学英语教师应视实际教学情况采取合适的方式去培养学生的创造性思维。

如何成为孩子的合作者

——读《教师：挑战》有感

代雨弟

每个孩子不仅是一个生命个体，更重要的是他们是一个人，一个有思想、有着丰富情感和需求的独立的人。

——苏霍姆林斯基

“路漫漫其修远兮，吾将上下而求索。”在踏上教师生涯的两年中，我越来越觉得：孩子是一本书，而教师是阅读者，是探索者。阅读着孩子带来的五彩缤纷的生活篇章，探索着和孩子相处的最佳模式，成为孩子成长路上的合作者。

一、直面惊吓篇

天空中还弥漫着些许炎热，二年级已经如期而至。孩子们经过一年的学习生活，在开学之初各方面表现都挺棒，我正谋划着要怎么样来表扬他们的时候，一群孩子打破了现有的平静。

“代老师，小朋友A把小朋友B的嘴巴打出血了，流了好多血，嘴巴里、牙齿上都是血。”我听到了脑袋直发蒙，赶紧跑过去一看，发现孩子用手捂着嘴巴，手上沾满了鲜血。仔细察看后我安慰这个孩子说：“没事的，只是伤着了嘴唇，牙齿是好好的。”一边赶紧让班上能干的孩子带着去医务室处理。

趁这个时间，我赶紧问问身边孩子，到底发生什么事情了，通过调查后，我发现是体育课上A和B在背对背和其他人打羽毛球，结果A在向后退的过程中，羽毛球拍不小心戳到了B的嘴唇，然后流血了。知道事情原委以后，我处理起来就不那么棘手了。

等孩子回到班级以后，我先询问孩子伤情如何，问他有没有不舒服的地方，接着再询问A是怎么一回事，和自己了解到的情况会不会有什么不一样。接着便再安慰孩子，B是不小心的，只是碰着嘴唇了，没有什么大事，所以就互相道歉吧。

这件事情便在有惊无险中度过了，可是我对于孩子的安全教育却未停下脚步，及时在班上和孩子们再次强调生命的重要性。孩子是独立个体，用鲜活的事例和孩子平等地沟通交流是最有效的方式。

二、快速破案篇

孩子是成长的个体，但在团体中少不了要和大家一起学习、和同桌一起学习。在这过程中，自然会有快乐和烦恼。教师不但要充满热情，关爱孩子，而且要在孩子无法直视自己的问题时，通过引导和鼓励等方式让孩子看到自己的问题。

C和D是同桌，C是各方面都很优秀的孩子，但是性格有点强势，D是班级的后进生，很固执。最初安排他们坐在一起，是想让C帮助D，监督D。那段时间，我正在为D的成绩稍微有点起色而高兴时，为自己的英明决定窃喜时，D哭着来找我了，说道：“E把我的新伞用剪刀剪烂了。”这时的我气极了，恨不得要骂他几句。但是，这时我告诉自己要镇定下来，遇事不能冲动。

我让同学带着E来到办公室，问他有没有用剪刀剪过别人的雨伞，他说没有。E本来是一个调皮的孩子，我心里对他的话还是有质疑的，便再追着问：“你今天带剪刀来了吗？”他摇摇头，我还是拿不准他说的话是否真实。只好让他回到座位，去问问他周围的人，得到的信息是“他今天真的没有带剪刀，他用的剪刀是借的别人的”。这时候，我心里明白了过往。

我悄悄地把C叫进办公室来，问她：“你带剪刀了吗？”她点点头，我接着再问：“你用剪刀剪了D的雨伞没？”她看着我摇了摇头，我这时接着说道：“犯了错误，不可怕，可怕的是不能及时承认和改正。”她还是坚持摇摇头，我接着说道：“如果你犯了错，主动承认错误了，你是一个敢于承认错误的好孩子，老师将不会惩罚你。”她哇的一声哭了出来，点点头说：“是的。”

这个案件是侦破了，可是对于怎样和孩子更有效地沟通，不出现冤案、错案，我还是需要继续学习和探索。

三、小小惊喜篇

“祸兮福所倚，福兮祸所伏。”接连几天在惊吓和破案中度过，终于迎来了令小朋友们开心的六一儿童节。早上，孩子们高高兴兴地提着一大包零食来到学校，下课还要去闻一闻零食的香味。终于到了零食分享的时间，孩子们迫不及待地拿出自己的零食和好朋友一起分享，同时也没有忘记两位老师，我们拿着孩子们送的零食，满怀喜悦。突然觉得这个时候的他们懂得感恩，懂得分享，也挺可爱的。

《教师：挑战》的作者鲁道夫·德雷克斯曾说：“没有一个孩子是完美无缺的，他们在教室里表现出焦躁不安、不服管、喜欢挑衅……老师们必须掌握新的教育技巧，采取合适的方法解决课堂上的新挑战和新问题，以帮助孩子调整，传递知识。”这就需要教师俯下身子，和孩子们站在一起，走进孩子的内心，认真倾听心声，找到他们的需求，成为他们成长路上最得力的、有效的合作者。

定能生慧　静纳百川

——读《心平气和的一年级》有感

唐国凤

“不自见，故明；
不自是，故彰；
不自伐，故有功；
不自矜，故长。
夫唯不争，故天下莫能与之争。”

——老子《道德经》

第一次知道薛瑞萍老师是好几年前在深圳参加的一次“班主任管理技巧”的讲座上，我深为薛老师睿智的语言和爽朗的风采所感染，心想我如果也能像她那样就好了。暑假里认真看完了整套《薛瑞萍班级日志》，她的文字真实、儒雅、温和、大气，让你不知不觉沉醉其中，真正明白什么是语言之美、文字之美、课堂之美、儿童之美。对其中的《心平气和的一年级》，我看得最为认真，掩卷沉思，脑海里浮现出三个关键词：静心、博爱、书香。

一、静——静里悠然心自乐

（一）静在课堂上

在一年级开学的很长一段时间里，薛老师只强调“安静”一条，特别注重给孩子营造一个安静的环境氛围。她说：“培养孩子的静气，是家长和教师的共同责任。家长和老师要做到的是：自己先不制造噪音。以静传达静，以静滋养静——尽量柔和地和孩子说话。”“上课说话声音小而柔和。我声音的静和柔是会传染的，安静总会从一些孩子到达另一些孩子。”平时讲课薛老师的声音尽量小，并要求学生读书“少用嗓子多用心”，还反复表扬完成任务之后安静看书的孩子。这样时间长了，学生们便懂得静是好的，很闹的孩子也能坐得住，也能静下来，这对他们尽快适应小学生活大有帮助。

（二）静在音乐中

“优美的音乐，能在潜移默化中，将孩子的心灵导向宁静优雅。同时，也使他们对音乐有了鉴赏能力——吃过仙桃的人，是再也不会贪恋烂桃的。”这是薛老师的一段话，每天让一年级的孩子在课业之余，静静地趴在桌上欣赏各种优美的轻音乐，如《雪绒花》《春江花月夜》《早晨的空气》《春野》……孩子们在音乐声中朗读、自习、休息。慢慢地，孩子们个个都因为音乐的润泽，变得活泼、灵动又安静了。不信你看——

“连着两节课的时候，就带着孩子听音乐。今天是第二次听，孩子趴着，比前天安静多了。

“我呢，坐在前面，也闭着眼睛。

“听的时间长了，孩子们睁开眼，悄无声息地翻书、画画、剪纸。真好啊！

“我喜欢他们，觉得他们个个都漂亮。”

（三）静在必要的惩戒中

薛老师在一篇日记里写道：“惩戒是必须的，没有惩戒的教育是独腿软骨的巨人，立不稳，更不要说长足前进了。”所以老师在开始时一定要硬着心肠严格要求，把学生的不良习惯给予纠正，毕竟“好的开始是成功的一半。”她所带班级的班规就是：“自己承认，接受惩罚；不肯承认，加倍惩罚。”可见惩戒在班级管理中起着举足轻重的作用。不过薛老师非常重视惩戒的方式与分寸，可爱的孩子们也准确地理解了老师的苦心——“老师罚我们站就是喜欢我们。要不然的话，我们就会学坏，成为坏孩子。”学生A是薛老师班级里的孩子，因上课不认真被点了两次名，于是按照班规放学后面对墙壁站了十分钟，家长来接孩子，薛老师是这样对家长说的：“已经处理过了，你不要听见孩子们的报告跟着虚张声势。没什么的，该让你知道的事情我会告诉你，像这样的小事情，教师已经及时惩戒过的，你最好装作不知道。被严密看管和双重监视的感觉，是很让孩子沮丧的。只会抵消我的教育效果。”以柔克刚，何其睿智！

二、爱——仁者爱人，智者知人

（一）尊重学生的个性差异

没有一个孩子不是抱着一颗想上进的心来学校的，只是个人的能力、悟性、基础、家庭环境所给的滋养不同。他们把无限的信任给了教师，教师应当对应他们的心愿，而不是根据他们呈现出来的优秀度，回报对应的信任。薛老师是怎么做的呢？

“着急上火，拍了B学生的头，虽然不重，但是带着怒。当他终于全部认识了十六字，我高兴且惭愧地摸着他的脸说：‘用心读，眼睛不往其他地方看，你不是会了吗？这样老师就喜欢你，记住了吗？’

“漂亮的孩子点头‘嗯！’，我觉得更惭愧了。

“不用心，眼睛朝远处看，我就可以不喜欢他了吗？”

辅导学困生的时候，薛老师这样说：“要承认差异，辅导弱孩子，以不伤害他的学习信心为前提。以沮丧和自卑厌倦为代价的‘今日终于懂得’，其实是竭泽而渔。能含糊的尽量含糊，不到万不得已，绝不以任何方式告诉他，你是不行的！”

是啊，承认了人生的缺憾和成长环境的差异，才能心平气和地给出无等差的爱。

（二）尊重学生的年龄特点

对于一年级的孩子来说，什么课堂常规，什么时间观念，什么家庭作业，简直是天方夜谭，因此我们总会觉得他们这也不对，那也不规范，恨不得一下子就把自觉学习、认真听讲、按时作业等我们认为好的学习习惯都给养成了。但薛老师不是这样。开学初，她的态度是“一要责任明确，二要慢慢加任务。就像现在对于行为规范的要求，相当长的一段时间里，我只强调安静一条。等这一条入他们心，真正成为班规了，再提其他的。样样都抓，必定样样抓不起来。”于是在她的眼中，孩子是这样的——

“其实我很崇拜这些孩子，五十五个人，那么小的地方，光是上课能好好坐下来，就很了不得了。

“试想，同样的拥挤程度，我们大人能安静吗？

“成绩还不错，对此我不意外，因为我知道，只要课外阅读跟上了，他们会更好；而我呢，当然是更轻松。大大小小，总共十三道考试题呢，多不容易，我真的很崇拜他们。”

在尊重一年级孩子年龄特点的基础上，看待平时的教学工作，怎能不更心平气和呢？

（三）尊重语文本身

非常喜欢这个片段：

“组词，除了生字中遇到的，绝不搞遇到生字就口头组词，因为组词、造句、分析……这些无中生有的破事，就如盐粒子，只要书读得够多够熟，统统不是问题。你的组词提问，对于那个发言的孩子，只是在展示固有的词汇量；对于其他的孩子，更是春风未必过驴耳，纯粹地浪费时间。”

那在语文课堂上做什么呢？认字、写字、读书、听音乐。坚决不让语言碎屑、伪知识破坏语文该有的美丽、醇香以及蕴藉其中的生命气息。

三、书——书痴者，文必工

这里的“书”，既指读书，又指书写。“大量地、高品位地读；自由地、诚实地抒写；勇敢地、大胆地思考——这，就是我磕磕碰碰一路走来的、越来越坚定的语文学习之道。”这是薛老师发自肺腑的话语。为什么教师要大量、广泛地阅读？老师如是说：“清晰简练、生动新鲜的教学语言会使学生对你的每一节课心存期待。他们抓到，从你嘴里说出来的话，绝不会重复昨天，绝不会是机械迂腐的陈词老调。无论教学复制手段多么发达，语言——永远是教师联络感情、传授知识、激发思维的最重要、最基本的方式，具有足够吸引力的、新鲜活泼的语言从哪儿来？读书——只有读书。”于是各种教育专著、儿童文学作品、文学作品甚至《易经》等，都成了薛老师必不可少的精神需求。不仅如此，薛老师还写日记、写反思、写课堂实录、写个人档案式的学生评语、写21封美好的家校沟通信。学生在老师的引导和影响下，每天背两首儿歌、写日记，甚至带动了一大批家长和孩子一起读、一起写，教师也就一起给他们打分，孩子儿歌和日记完成了，200份，家长签字并且也写了日记的，400份。就这样读啊、写啊，孩子们的语文素养越来越高。到了四年级，薛老师班上已经有孩子自发地写书了，孩子说：“因为我知道薛老师在写书，我也想和老师一样！”

书多被喻为书海，人们总以“沧海一粟”自谦为读书之少，现在的我，顿觉所读的书竟连“沧海一粟”都不敢言。偶有空暇也喜欢读一些婉约小说和诗词散文作为消遣，总不大愿意去读整本的教育专著和教学理论书籍，我觉得那是件苦差事，直到我读了这本《心平气和的一年级》。薛瑞萍老师能做到“心平气和”的根本原因是爱孩子、爱语文、爱书本，希望我也能像薛老师一样，用爱心和书本汇聚一身静气，和教师们，尤其是低年级的同仁们共勉，共同走向“心平气和”的工作状态。

理想班级的黄金准则

——读《教室里的正面管教》有感

蒋谨如

作为一本讨论班级管理的读物，《教室里的正面管教》着眼点在于师生和生生之间的关系。如书中开篇所言，“正面管教是一种不同的方式”。与现在普遍执行的以奖励和惩罚为基础的管教方法有别，正面管教是一种基于问题解决的教育方式。

书中提出的核心概念是“七项重要的感知力和技能”，围绕这七项核心内容阐述了具体的执行方式。

其中，我认为对现实的情境最有触动的一个提法是——学会放弃责备他人的受害者心态（老师给我的成绩是F），并接受一种承担责任的心态（我的成绩是F，因为我没有做功课）。在孩子的成长环境中，成人的思维起到了深刻的作用。从摔倒了怪地板、碰破了怨桌角等鸡毛蒜皮开始的教养表现，对孩子今后的成长影响至为深远。“这不赖我呀！”“这不是我干的！”“为什么就冲着我来？”“为什么倒霉的总是我？”卸责、推诿、冷血、怨恨……一系列负面情绪悄然滋生——“我”是对的，“我”是无辜的。犯错的、担责的一定是别人。

这本书明确地提出这个概念，我认为是有着极强的现实意义的，起码，对当下的中国教育而言。至于概括本书的精髓，我认为书中呈现的两张表格就已经足以说明正面管教的内涵。

一是“人类行为的两种对立学派”，书中表格通过七个方面的对比关系（谁创立了这个理论、这个理论激励人们的行为是什么、我们在什么情况下对别人行为能产生最大影响、成年人最有力的工具是什么、对不当行为的反应是什么、对危险和破坏行为的反应是什么、学生如何才能学得最好）呈现了“在美国的学校中占主导地位的传统方法”和“正面管教（专注于解决问题）的方法”的区别。

一是行为不良的孩子的“错误目的表”，从孩子的错误目的——“寻求过度关注、寻求权力、报复、自暴自弃”中，提出——“如果父母或老师的感觉是、而且想采取的行动是、如果孩子的回应是、孩子行为背后的信念是、密码信息、父母或老师主动的赋予孩子力量的回应包括”等详细内容。

书中两张表格的呈现，从本质上阐述了正面管教的理论基础，与我们惯用的行为主义的教育方法（刺激——反应）不同，正面管教是基于人本主义的理论，相信人自身所具备的主动、积极的精神与力量。

至于书中提到的“教师团体互助，设立行为惯例表，班会的8项技能，从头脑、内心和直觉出发的话语，对应四种错误目的的鼓励话语”都非常具有可行性，易操作，极为实用。

最后想说的是，书中提出的“改变是一个连续的过程”，用孩子学骑自行车的比喻来阐述这一过程，着实精妙，而“在纠正前先建立情感联结”更是必要的管教的前提，是爱与信任、温暖的关系。这，是真正的教育生发的土壤。

“自驱动时光”：孩子走向成功的必备经历

——读《自驱型成长》有感

胡丁双

所有的父母都希望自己的孩子能够取得成功，而唯有孩子的自主动机才能使这种愿望成为可能。西南大学心理学教授高雪梅说：“最好的成长是自我成长，最好的控制是自我控制。为人父母，最重要的是引导孩子学会独立思考，独立决断，为自己负责，充分释放孩子自我完善的内驱力，身体力行，体验成长的困惑并获得成长的勇气。”的确，不管是作为一名母亲还是人民教师，只有自己的孩子和学生养成了自律性的人格，发挥内驱动力，他们才能够在生活和学习中面对压力和挑战，并为之取得优异的成绩和成功。我在假期和女儿一起学习时，阅读了《自驱型成长》这本书，我的感触颇深。全书用简洁流畅的语言和生动真实的案例，娓娓地讲述了如何在学习和生活中有意识地培养孩子的内驱动力，培养孩子自控且自律的能力，培养他们为自己的决定和行为负责的能力。

每次班上开家长会，与孩子的父母交流，反思自己，反思家长，我们大多都犯了一个通病：对孩子不信任，过于约束孩子，夺走了本属于孩子自己变得坚强自信、勇敢成长的机会。书中提道：家长要转变观念，将自己定位在“顾问型父母”的位置上，要适当放手，放下父母的控制权，让孩子在自己的事上独立思考，并为之作出判断，为自己的事情负责，这一理念同样也适用于我们教师。要做好这一点，除了教师要改变自我以外，孩子自身的内驱力的培养，也就是自主能力的培养也不可忽视。“自主能力”是这本书研究的重点内容，它主要从“自主需求”“胜任需求”“归属需求”三个方面进行了阐述。

“自主需求”是培养内在动机的最重要部分，其解释为：要明确任务的重要性，并在执行中尽可能多地给个人提供选择自由，这都比奖励或惩罚更能激发出强烈的动力。教师能够培养学生的自主性，就能催发学生的内在动机和追求挑战的意愿。现在的学生之所以内驱力不够，是对学习这一块儿的认知不够，没有认识到学习对自己后续发展的重要性，没有将学习当成自己的事情，更没有对学习产生热情，这就造成了班上大部分学生学习上懒散，学习很被动，需要外部不停地提醒。教师可利用午会、队会的时间，在思想层面上，多结合案例进行交流，长期潜移默化，激发学生的内驱力，调动学生在学习方面的自主需求，激发他们对学习本身产生心流。

“胜任需求”是内在动机不可或缺的另一部分。的确，一件事情或一个目标，如果超出了学生能够胜任的条件，学生就会感到困难，从而退却；如果太过简单，学生又会感到枯燥乏味，兴趣淡然。就如打篮球，对手过弱或过强，对自己来说，就没有挑战性。在教学前，教师要了解班上学生的学习认知特点，可以分区域块备课。在备课时，设计一些适合不同区域块的问题，让不同区域块的学生都能够有挑战的机会，这样有利于学生在思维方面得到不同的发展，从而树立自信心，增强学习的内驱力。

“归属需求”指的是个人与他人之间，有一条关爱的纽带，也就是情感交流。如果一个学生喜欢某科教师，他就会努力学习。因此“尊重”与“关爱”是教师在与学生交流过程中必须做到的两点，只有教师的“爱”和“善”让学生感受到了，他才会从内心喜欢上教师，从而积极调动内驱力，努力提升自己在这科的素养与成绩。

只有将这三方面融会贯通，才能让学生从基础上得到提升。一本好书就像一良师益友，让学生踏实进步。

做语文人，回归自己

——读《薛瑞萍班级日志·我们二年级啦》有感

田　瑞

转眼，孩子们就上二年级了。深感自己在教学方面的不足，在师父的推荐下，我拜读了薛老师的书。在真挚美好的文字中，我有了许多关于语文、学生、人生的感悟。

一、关于语文教学

徐冬梅老师在卷首语中写道“要做一个好的语文教师，自己先做语文人，要培养读书的种子，自己先做读书人。这是看云告诉我们的再朴素不过的真理。”从这个角度上说，我不是一个好的语文老师，我没能像薛老师一样博览群书。在读大学期间，确实爱读书，也读了许多书，但是工作之后，读的书屈指可数。能在暑假读两本名著或者专著，自己便觉得满足，所读的专业书更是寥寥无几。现在陡然发现，没有书籍的滋养，我的精神得不到成长，思想得不到升华，自己成长也变慢了。然而教师止步不前，后果很严重。对教师而言，读的书少了，没有思想的广度与深度，无法提升个人素养；读的专业书少了，教育缺乏专业的高度，教学能力无法得到有效提升，教学将陷入经验主义，无法获得新的教育智慧，无法让教育实践走向科学。对学生来说，教师用经验主义教学，学生更容易陷入空洞的知识学习，学习更容易变成功利的没有灵魂的任务，不能在教师的带领下体会语文的真正魅力。因此我要向薛老师学习，爱上阅读，博览群书！反思之后，我开始捧起书，读《教育理论》，读名家课堂，读阿德勒……重新定义自己生命的广度和深度，给学生做好示范，让他们也爱上读书，实现自我的成长，丰富自己的灵魂。

二、关于学生

如薛老师一样，我在教学岗位上曾带过三个一年级。如薛老师所说："每一届孩子不一样，每一届形式不一样，每一届的心态、际遇不一样。"用哲学语言来说：一切事物处在变化发展之中。只是"今日的我和九年前，三年前不一样，然而是成长中的同一个"。那我们如何对待这一群天真的儿童呢？虽然一切都在发生变化，但是"唯一不变的，是一颗忠于儿童的心"。至于薛老师所做的班级日志也好，我们常用的拍照留念也罢，都是"陪伴"，"只是陪伴"，薛老师跟我有一样的"挚爱和理想"，也同样"焦虑和痛苦"，也有许多"收获和欢笑"。对待孩子，要像薛老师一样，把爱与信任，自豪与尊重，给予这一群儿童，让我们陪伴他们度过人生最宝贵的童年。

三、关于人生

从薛老师的许多自述和故事中，我生发了关于人生的新感悟。首先，马克思说过："人的本质并不是所固有的抽象物，实际上，它是一切社会关系的总和。"人具有社会属性，不能脱离社会而存在，即使是教育人，也离不开关于财富、权利的话题，社会甚至会以这些标准考验我们，我们如何摆正自己的位置？在这一点上，我尤其欣赏薛老师的通透。她认为，老师给予孩子的教育，应该是母亲希望给孩子的教育。非金钱权力所能够衡量，是生命更有意义的延续。

正如徐冬梅老师感言："生命所要的实在不多。追逐外物的我们，去除狂妄，反观内心，才可以得到和谐和宁静。必先有完整幸福的生活，才有真正完整幸福的教育生活；必先有真正活泼清新的自己，才有真正健康精进的教师；必先有清净自由的生命个体，才有真正觉悟自由的民众。”教师更如此！

班主任管理工作中的“沟通艺术”

——读《做最好的班主任》有感

肖 敏

小学班主任班级管理工作的主要目的是维护班级的教学秩序，促进学生的生活健康发展和心理健康发展，培养学生良好的品行和思想，并在认真、自主学习中获得优异的成绩。通常小学生很难长时间将注意力集中于课堂之上，自我管理能力和分辨能力较差，在没有班主任和家长管理的情况下，很容易出现沉迷游戏玩耍的现象，导致学习和发展受到影响。因此，班主任要设计合理的管理方案，针对学生之间的差异性，以及班级管理条例和不同学科之间的特点，与各科任课老师和学生的家长进行紧密的沟通，从而完善管理工作。我在假期闲暇之余，拜读了李镇西老师的《做最好的班主任》，受益良多。下面，我就来谈一谈班主任管理工作中的“沟通艺术”。

一、构建愉悦的沟通氛围，提升学生的参与兴趣

对于小学生而言，丰富的活动更容易激发学生的参与兴趣，在各种活动中，班主任和学生的关系也会得到进一步的发展。因此，教师可以通过组织活动的方式，营造良好的沟通氛围。

例如，班主任在和政治学科教师的交流中，了解到学生正在学习“爱护环境”的内容。这时，班主任就可以开展“学校是我家，环境靠大家”的主题活动，并引导学生积极参与其中。在活动中，教师用合理的语言，询问学

生："在学校中有哪些不爱护环境的现象，自己是否是其中一员呢？"然后，在学生思考过后，为学生讲解遵守学校规定的重要意义，从而促进班级管理工作的开展。

二、创新管理理念，搭建师生沟通桥梁

学生和教师都是班级管理工作的主体，在以往的班级管理中，由于教师长期占据主导的地位，并且仅以学生的学习成绩为目标制定管理内容，因此学生发展不平衡，难以开展有效的班级管理工作。针对这一问题，班主任要积极改善自身的管理理念，以相互理解、平等沟通的态度，构建和谐的师生关系，对班级管理工作进行优化。

例如，教师可以先制定出初步的管理条例，然后再通过班会、例会等方式，让学生在学习班级管理条例后，发表自己的意见，并对管理条例提出建议。这样一来，班主任就能总结出适合班内学生的管理内容和管理方式，从而更好地开展班级管理工作。

三、利用沟通艺术，了解学生心理发展与日常生活情况

学生和教师之间的沟通，是学生发展阶段极重要的一部分。班主任承担了和学生沟通的任务，不仅要关注学生的学习成绩，还要关注学生的心理发展和日常生活。

例如，在冬天的时候，教师要询问每位学生上下学回家的方式，如有没有家长来接、会不会感觉到冷，等等，然后再根据学生的回答制定合理的管理方案，向学校提出自己的建议，完善相关的管理制度，促进管理工作的顺利发展。

四、利用沟通艺术，引导学生改正学习和生活上的不足

在现代教育背景下，班主任和学生之间的关系更紧密，除了单纯的师生关系以外，还存在着朋友关系。也就是说，教师要学会倾听，尝试和学生一

起分享心事，并在循序渐进的过程中，针对不同学生的特点，帮助学生排忧解难，运用沟通的艺术，指导学生改正学习和生活上的缺点，从而使管理工作得以进一步发展。

例如，班主任发现班上某位学生最近总是心神不宁，上课听讲时总是心不在焉，甚至在午饭、午休时，也总是一副心事重重的样子。针对该学生的问题，班主任不要直接生硬地询问学生遇到了什么问题，更不要不问缘由地对学生进行批评。作为班主任，要学会倾听，巧妙地运用沟通艺术，逐渐引导学生自己说出在学习或生活中遇到的问题。然后，班主任再结合问题和该学生的特点，制定合理的管理方案，对学生进行及时、有效的管理和指导，促进学生的进一步发展。

五、融合家校共育的理念，推进管理工作的发展

随着对教育的研究和讨论，人们越来越关注学生的家庭教育，因为家庭教育在学生的发展生涯中有着不可替代的作用。作为班主任，要基于家校共育理念，合理运用沟通艺术，优化班级管理工作。

例如，教师了解到某位学生的家长过于关注学生的考试成绩，并且对孩子的管理极严格，导致学生出现焦虑、注意力不集中、紧张，甚至是抑郁等问题。此时，教师要及时和学生家长取得联系，并通过合适的语言，为学生家长讲述现代教育观念的核心思想，让学生家长明白综合素质才是现代教育的最终目的。在和家长沟通的过程中，教师要充分运用沟通艺术，从家长方面考虑问题，一起探讨更合适的管理方案。这样一来，在良好的家庭管理下，班主任的管理工作也能更好地进行和发展。

在班主任的班级管理工作中，教师和学生是工作的主体，只有确保班主任和学生之间保持和谐、稳定的关系，管理工作才能得以顺利地进行。随着教育改革的持续发展，社会更加关注学生的综合发展，所以对学生的心理、生活、学习进行合理的管理，是十分重要的。而对于管理工作而言，管理者

与被管理者双方之间的沟通决定了管理工作的效率。作为小学班主任，要注重沟通技巧，针对不同的学生，运用不同的沟通方式和管理方式，充分发挥沟通艺术的优势，全面促进学生的综合发展。

亲近朗读，让孩子受益一生

——读《跟窦桂梅学朗读》有感

余　洁

少年儿童是国家的未来，他们的发展状况决定着国家的前途和命运。中华民族历来最重视教育，一直注重知识传授和道德修养，到了现代社会，学校、教师、家长不仅重视孩子的学习成绩，更注重孩子的能力培养。教师和家长教给孩子们的知识，不一定会陪伴孩子终身，但有些习惯的养成，却能让孩子受益一生，例如朗读。假期里，我读了窦桂梅老师关于朗读的专著《跟窦桂梅学朗读》，受益匪浅。窦桂梅老师在这本书中完整地阐述了朗读的意义作用、概念新解、基本方法、规范和注意事项，更让人惊喜的是还有不同体裁的朗读指导例子和课堂实践的案例，特别适合老师实际的学习和操作。通过学习，我有了以下感悟。

一、亲近朗读，让孩子受益一生

提到“朗读”，人们一般会联想到播音员、主持人、话剧演员等专业人士。大家觉得朗读技术专业性很强，是别人的专长。其实不然，当今社会全球化发展，我们更需要朋友和伙伴，需要沟通和表达，当然也就离不开语言。在孩子们成长的过程中，语文课成为拓展语言能力最重要的途径。《语文课程标准》强调培养学生的语文素养，要求语文课要有语文味，而其中一条重要的不可替代的途径，就是朗读。朗读是一种眼、口、耳、鼻并用，利用声调、语速、语气、节奏、停顿等对作品进行品味感受的阅读活动。朗读，通过声音构筑孩子们的想象，引发情感和感受，培养孩子们的语感。而语感，是孩子触摸、碰撞世界不可或缺的能力。朗读，有助于倾听、理解和记忆，是培养语感的最佳途径。朗读，并不是遥不可及，要把每个孩子都打造成话剧演员、播音员、演讲家，就要在张扬个性的基础上，提升孩子的口语表达能力和与人相处的能力。所以朗读，是对孩子一生都有用的东西。

二、教学相长，把朗读教给学生

朗读的好处不胜枚举，然而，在教学实践中，教师可能经常会发现这样的现象：有的孩子在私下侃侃而谈，课堂上却不愿举手发言；有的孩子在众人面前朗读时声如蚊蚋，面红耳赤；还有的孩子朗读时依字出声，有口无心……凡此种种，都表明孩子对朗读缺乏信心和训练。我希望我的学生爱上朗读，善于朗读；我期待我的学生声情并茂，我的课堂书声琅琅；我更企盼我的学生都能通过朗读，能变成一个与这五彩世界有着各种奇妙感应的人，让朗读成为对他们来说一生有用的东西。

想要你的学生成为什么样的人，你自己就先要成为那样的人，至少你得比较靠近那样的人，你的身上得具备成为那样的人的某些特质。我从窦桂梅老师这本书中寻得了路径——“面对学生，必须改变早已习惯了的话语方式，规范遣词造句的语法，增强语言的魅力与感染力”。朗读，读的是作者的感情，更是读者的感受。准确地把握作品内容，透彻地理解其内在的含义，是朗读再现世界的前提和基础。纵观当下小学语文教材中的选文，大多是文质兼美的好文章，它们或注重思辨、启迪学生智慧，或展示时代新貌、开阔学生视野，或寓理于情、引导学生形成正确的价值观、人生观。这些选文对师生来讲，都是陌生的，因此，在教师的范读和学生的学读之前，首先要清除障碍，弄明白文中的生字生词、成语典故、写作背景、人名地名、历史环境、感情基调等。否则，朗读中就会望文生义，错误百出。只有熟悉课文了，读通课文了，才为真正的朗读做好了准备。

确定朗读材料并进行精细分析后，朗读时又该怎样克服“心中有、口中无”的表达障碍？窦桂梅老师也给我指点了迷津：从语气到语势，再到节奏、停连、重音。这些表达的技巧的习得与活用，需要我们在日常教学中反复地体会、摸索、总结与反思。然后，多在语文课堂上进行朗读指导与培养，使学生掌握朗读中的停顿、重音、语调和语速，带给学生审美的熏陶，同时引导学生在朗读中与作者产生共鸣，激发学生的情感美，在朗读中理解文章的深层意蕴，实现语文学习的美好境界。

语文教师们，好好学习朗读吧，把它教给学生们，带学生去朗读，在朗读中感受语文学习的乐趣，使它成为学生们一生受用的宝藏。知识可能会被遗忘，但能力永远都在。让教师和学生都发出自己美妙的声音来，在琅琅书声中，做永远的朗读者。

读书让自己更专业地去工作

——听《一年顶十年》所获

兰　利

一个偶然的机会，我在某读书平台上购买了180天听书权限，每天10分钟左右的听书时间，每周完成一本书的阅读。其中听到《一年顶十年》这本书时，部分观点对我触动很大，结合自己的日常工作，突然想把学到的知识点记录下来，留下些学习的痕迹，让它们帮助自己更专业地去工作。

一、时间更少，为何更好

书中说："人们常常会给自己设置'截止时间'，但很容易拖到临近截止时间才开始行动。"读书作者在书中提到自己曾经在培训学校当英语辅导老师时，教过一部分自控力不太好的孩子。给这些孩子留作业的时候，如果让他们一周后再交，他们一般会在截止时间前才匆匆写完作业，更有甚者什么都没有写。但是如果告诉他们，下课后认真完成作业才能回家，他们就可以在很短的时间内把作业写完，而且作业质量还比一周前更高。

对比上面例子中出现的"截止时间"，给孩子们一周时间，不如只给他们一两个小时。反思后我发现，任务是需要推进起来，才会又快又好，如果时间较多，没有及时去推进，效果反而不是很好。

结合教师面对的日常工作反思，对于小学生来说，他们都处于自控力不足的年龄阶段，教师在课后如果需要学生自主完成任务，就可把完成时间尽可能缩短。例如，40分钟的语文课上可留下10分钟时间，给学生布置一些小任务，要求下课前完成。若时间不够，任务也尽可能分解，比如需背诵的是一长段文字，可先布置一小半段文字的背诵任务，要求当天中午1:00前全部在小组长处背诵，完成后需组长签字确认；另一小半段文字放学前在小组长处背诵，完成后需组长签字确认。数学课也如此，不仅要及时做，还要及时改，若课堂上只余几分钟练习时间了，就布置两三道与当堂教学内容相关且必要的巩固题，请学生在下课前完成交给组长，并告诉他们，午饭后要及时关注自己的本子是否发下来了，如果本子发下来了，就表示作业有错，需要马上改错，没发下来表示全对，此任务在中午1:00前完成。在小学教育教学中，教师要避免布置很多天后才完成检查的任务，这样做不仅学生学习效率低，还会因为教师的“不专业”行为培养出更多没自控力、学习习惯不好的学生。如果教师常常这样做的话，会发现越来越多的学生不愿意完成学习任务，也会感觉学生越来越不听话，越来越不爱学习。

小结专业收获一：对于小学生而言，完成任务的截止时间越“短”，效率越高。这个收获可用在班级教育教学中，营造执行力、自控力都很强的积极氛围。但需要注意的是，时间“短”，短到什么程度，需要教师结合自己的任务多少而定，也要视学生可利用的时间长短而定，不能盲目求短，若短到所给的时间大部分学生都没办法完成，就会适得其反。留给学生完成任务的时间，尽可能是只要认真、专注就能完成的必要时间，为了照顾全体学生的速度，还需将必要时间尽可能延长一些，设定为“截止时间”。

二、怎样上出受学生欢迎的课

晦涩难懂，是讲课大忌。如果教师讲课不能做到简单易懂，那说明讲课能力不好。讲课要做到简单易懂，除了多使用常见词之外，多举例子、多打比方，也是关键。除了做到简单易懂外，教师还要给学生讲好用的方法。如果方法可以帮助学生在后来的练习中解决问题，那么学生会主动地去用这种方法。最后，课堂要充满力量。很多时候，学生缺的也不全是知识干货，而是力量。教师要给学生力量，让学生充满动力，真正愿意去行动、去改变。

小结专业收获二：教师讲课或交流发言都要做到“简单易懂、非常好用、充满力量”，这是结合工作对象真正需求所总结出来的必备专业技能，当需求能得到更好的满足时，学生们就会很喜欢教师的课，进行高效率学习。这三点，在教育教学成效很好的教师身上，全都具备，若我们还没做到这三点，可以在日常的课堂中围绕这三点来锻炼自己。

三、尽最大可能坚持“日拱一卒”

请先记住这句话：日拱一卒，不期而至。意在表达象棋中的卒子每次只能走一小步，如果我们像卒子一样，每天走一小步，坚持一定的时间后，一定会走到自己想到的地方。书中作者就提到这么一件事：从2019年3月开始，他每天做100个俯卧撑，现在，他的身材比以前壮了不少。作者之所以选择这种“日拱一卒”的做法来学习很多事，是因为他知道自己在许多方面的条件很一般，如果不这样做，自己很难成功。所以他坚信，就算底子不如人，只要坚持每日精进，总有一天他会脱颖而出。

小结专业收获三：如果希望自己能成为一个在工作上很厉害的教师，善于学习和坚持就很重要。不妨找一件值得坚持的小事，可以是健身、阅读、劳动等任何一件事，选择一个事一个任务，坚持每天都去做，不用管现在能收获什么，只要坚持做下去，随着时间的推进效果就会显现出来。其实最终无论是什么效果，都能帮助我们以最佳状态应对工作日常。但需要注意的是，选择坚持下去的任务一定是能克服干扰做下去，且不是随意变动的。若今天决定坚持每天锻炼10分钟，明天决定坚持每天整理家居20分钟，后天决定坚持阅读20分钟……如此这般变化，随着年复一年的时间流逝，成效或许也有，但也不一定会出成绩。结合小学教育教学，如果坚持请自己的学生每日学一个成语：学会写、说、明白所指意义，日拱一卒地坚持，相信班级学生们在成语方面的收获肯定就会超越别班的学生。又如数学，长期坚持每节新课教学前用几分钟时间引导学生快速完成10个简单常用的计算题，日拱一卒地坚持，相信学生计算能力和完成任务的专注力都会显现。

师者，如是

——读《让孩子踏上阅读的快车道》有感

唐国凤

寒假期间，我终于闲下心来，翻开《让孩子踏上阅读快车道》这本书，被它深深吸引了，一口气读完，爱不释手。合上书，不得不感叹韩兴娥这位朴素、平凡的老师将看似简简单单的事情做到极致，成就了一个不平凡的事业，点燃了无数语文逐梦人的心。

一、定位识字法——襁褓中的补给

一年级的语文教学简直“苦不堪言”，当我在书中接触到“定位识字法”时，真是相见恨晚啊！在孩子既不认识拼音，也没有识字基础时，这无疑是最好的选择了。在韩老师的课堂中，孩子们通过数遍地跟读、自读，对组成儿歌、古诗或童话的汉字已经有了模糊的认识，对出现频率高的字已可以熟识，学生能准确而快速地推断出生字所在的位置，从而达到了认识生字的目的。统编教材一年级的识字任务是300多个，教师费了九牛二虎之力，期末检测时效果却不尽如人意。而韩老师通过孩子熟悉的儿歌教学这种方法，让孩子们把识字当做快乐的比试，一学期便完成了认识600个汉字的任务，学生读完一年级识字量能达到2000个。字里行间，我也仿佛看到课堂上韩老师带着孩子们嬉戏玩闹，孩子们乐此不疲地学习着，为海量阅读打下基础。

二、识字与拼音同步——带孩子蹒跚学步

我不记得一年级时拼音的教学花费了多少时日，只记得这是极其难啃的一根硬骨头。看到韩兴娥老师用三个星期教完拼音，而少有孩子不过关的，我不禁为她丰富而有趣的拼音教学方法折服，比如定位认读、拼读姓名、四声教学、书写策略、情境儿歌等。

韩老师拼音教学最大的特点便是与识字教学同步，删繁就简、去粗取精。在汉语拼音教学中，通常教师会把大量时间花费在鼻音、翘舌音等知识点上。而韩老师结合汉语拼音的学习，教学生读熟儿歌，适当降低要求，教材上出现的音节拼不熟练也不要紧，学困生能把声母、韵语、整体认读音节按顺序念熟就行了。韩老师仅用三个星期就教完了拼音，发给每个学生一张印着声母、韵语、整体认读音节的卡片，贴在书桌上，放到铅笔盒中，经常对照卡片拼读音节，时间一长，每个学生的拼读速度都提上来了。省出来的“课内”时间用在读“课外”书上，而在阅读的过程中又进行拼音教学的巩固，效果自然不错。

三、海量阅读——在墨香中青云漫步

在读《让孩子踏上阅读快车道》之前，我便深知语文就是“读”占鳌头、“读”领风骚。平时也非常注重引导学生进行课外阅读，但要说是海量阅读，那就谈不上了。更让我苦恼的便是对学生进行阅读方法的指导与评价了。韩兴娥老师的海量阅读教学，其班上学生的阅读量都让我惊讶万分：一年级孩子们读《三字新童谣》《读儿歌识汉字》《新日有所诵》《好妈妈儿歌四百首》《弟子规》《增广贤文》《拼音报》等；二年级孩子们读不同版本的语文课本、《二年级古诗》《国学启蒙》和《语文经典读本》等；四年级上学期，学生就已学完小学6年的12册语文课本。中高年级读的书目有《中华上下五千年》《世界上下五千年》《论语》，书中还列举了韩老师部分学生的习作，拜读后我真是自愧不如啊！用韩老师一位毕业的学生自己的话来说，“以前跟着您那才叫读书，现在都改成听讲做题了”。是啊！我们

的课堂可不就是在听讲做题吗！学生有此“厚积”，怎能不“薄发”呢！

四、积累运用——让孩子健步如飞

韩老师“读”出硬道理，强调“举三反三”“反刍”归真，在阅读的过程中尤其强调积累与运用。把握孩子记忆的黄金时期，把一些内容浅显易懂、读起来朗朗上口的经典，“吞下去”，背诵下来，快速记忆，高效积累。如《弟子规》《三字经》等经典，随着孩子们年龄和阅历的增长，会化成涓涓细流，不断地滋润孩子们的心田，从中开出智慧之花，结出成功之果。

韩老师定期检查学生的背诵情况，除了背诵，还通过口头填空题、导读单、积累练习等练习题引导学生积累。她的博客中专门开设了一栏“学以致用”，孩子们将学到的名言警句放进生活情境中恰当地表达出来，例如，看到有人超过了自己，要努力赶超，但不能记恨人家，因为“长江后浪推前浪，世上新人赶旧人”。再如，读书需从头开始，因为“若登高，不自卑；若涉远，必自迩”。“千里送鹅毛，礼轻情意重”跟“钱财如粪土，仁义值千金”意思一样。有了这样的平台，还怕孩子不理解意思，不会运用吗？韩老师学生的语文素养与表达能力让人佩服不已。

韩老师在书中总是很谦虚地说自己是“笨鸟”，没有很好的表达能力，文采平平、长相平平，字也写得不好，这让我想起了肖川博士说教师的发展“扬长远胜于避短”。韩老师的“高深之处”就是简简单单一个字——“读”！正如苏霍姆林斯基所说：“读书就是教育，教育就是读书”。读完这本书不算完，结识“海量阅读”不算晚，在以后的教学中我必会努力尝试韩老师的教学方法，也许我没有能力和水平做到一个月甚至两周教完一本教材，但我会尽量让学语文变得简单，让阅读为孩子插上成长的翅膀。

悉心的教学方式让学生修得一支生花笔

——读《我的作文教学课例》有感

杨 毅

再一次手捧《我的作文教学课例》这一本书，再一次拜读了管建刚老师的作文教学系列丛书，满满的收获与感悟。

关于“妙笔生花”这个成语有个故事，说一个秀才梦到自己的毛笔头上盛开了一朵莲花，梦醒后他就一下子变得才华横溢，“下笔如有神了”。要让学生拥有这一支“生花笔”，那教师得下一番功夫去引导，这是一个有感而发才能有话可说、有话可写的话题。修得一支“生花笔”，不是做梦就能轻易获得的。学生进入中段学习后，大家都有一个共同的苦恼：这个作文该如何去指导呢？作文，不仅是学生的苦恼，也是教师在教学中棘手的一件事情。学生们刚刚接触作文，教师该用什么样的方法去引导学生爱上习作呢？又该如何避免学生对作文产生畏惧心理呢？作文的文字技巧容易教，但“文心”的形成却是难以授之的。这块敲门石如此重要，让教师们不得不深思。在语文教学中，教师应该如何引领学生走近习作、走进作文呢？我在管建刚老师的书中读到了许多行之有效的方法，这本书也给了我很多启示。要修得这支“生花笔”，我有一些从实践中获得的思考。

一、常态课堂是孩子习作思维迸发火花的天堂，是习作无声无息亲近学生的魔棒

对于中段的学生来说，小学中年级的作文，既是低年级字、词、句训练的归纳，又是高年级篇章训练的基础，而片断描写、仿写、续写便成了我们课堂学习中强有力的练笔法。加强中年级常态课中的片段训练，对于培养学生的学习兴趣，提高学生的认识和表达能力，养成良好的习作习惯，有着很重要的意义。片段描写是常态教学模式下常常出现的一种习作方式，而这种习作方式也是学生表现自我的一个舞台，学生乐于接受，教师教起来也很顺理成章。这不仅丰富了课堂教学，还延伸到了作文的写作练习。像这样“一箭双雕”的美事，我们何乐而不为呢?

在教材的课后提示中常常有各种各样的练笔，例如，续写、仿写、想象课文中人物的对话、想对课文中的人物说些什么……而这些都是在我们的常态课中需要解决的问题，都需要学生在课堂中说一说，让学生的思维能在常态课下擦出神奇的火花。一旦学生的思维开启，那就是畅所欲言了。《一只小鸟》这一节作文课，就淋漓尽致地体现了这一点。

案例1：教师带着学生回顾了小鸟的快乐，要求学生找出自己觉得小鸟快乐的句子，并抓出关键词“啁啾”“探”“抖刷抖刷”。这些表达声音和动作的词，让师生充分感受到了小鸟的快乐与幸福。教师也迅速抓住学生这种投入的状态进行讲课，学生顺理成章地掌握了表声音的词和表动作的词能让句子更加生动具体这一作文法则。在随后反复诵读小鸟悲惨的句子时，学生入情入境。从刚才已有的经验中，学生敏感地从小鸟父母营救小鸟的一系列动作中，深深地体会到了鸟妈妈和鸟爸爸的爱。而此时的课文已经进入了高潮阶段，这时学生的情感已经融入其中，心中有话想说。心潮澎湃的学生，都想把自己心中的话一吐而快。他们想对破坏者说，他们想对受伤的小鸟说，他们想对鸟爸爸和鸟妈妈说，他们甚至想对作者说……在学生兴趣浓浓、情感高涨时，老师让学生讨论小鸟的后来。一石激起千层浪，这再一次让学生打开了自己的话匣子。学生丰富的想象力给老师带来了一个又一个惊

喜。学生在表述自己的话语时，不自觉地加入了一些修饰性的动词、形容词，甚至还描述了小鸟的心理、老鸟的表情……一时说之不尽，教师建议大家把自己的想法写下来，学生觉得这个方法好，非常乐于接受。在即将落笔之时，教师把刚才文中学到的写作方法、学生自己讲到的写作方法都进行了引导、总结，并鼓励学生用到自己的句子中，帮助表达自己要说的意思，把自己想表达的语言有序地进行组织，并呈现出来。

像这样一节平常的教学课，在语文课堂中很常见。教师将阅读教学课堂作为引子，结合文本，有导向性地敲开学生想象的大门，并选用文本中作者写作时的重点字、词、句进行感受分析，让学生了解在表达自己的语言时，可以采用一些表示动作、语言、心理活动的词进行修饰。而这种课堂上的片段描写，在中段语文教学中出现率较高，对于学生的习作也是很有启发性的。学生在无意识的状态中就完成了一次简短的习作。从思想上看，这就很巧妙地消除了学生对写作的畏惧感；从内容上看，学生已经很开心、很用心地完成了一个片段的习作练习。这种教师有意识地进行习作引导，学生无意识进行练习的习作课堂，笔者觉得可以达到“随风潜入夜，润物细无声”的效果。因此对于刚接触作文的中段的孩子，这种形式的习作指导，既能让学生当堂完成作文，又不增加学生的思想负担，还可以及时得到教师或同学的评论。这对语文教学课堂具有很强的可操作性。

二、习作课堂是为学生的习作“输血壮骨”的主粮，是作文有形有色地亲近学生的母体

习作课是我们教学作文必不可少的一个环节。可中段的学生刚接触到习作，既要保证学生的新鲜感不流失，又要保证学生能有话可说，同时还要保证学生能掌握写作方法进行习作，这素来就堪称枯燥乏味的作文课，要如何才能使自己丰盈，如何做到以上环节呢？

案例2：这是一节关于写鸟的习作课。为了开展这次习作课，教师提前一周就做了布置。教师特地安排学生利用周末去观察一种自己最喜欢的鸟，

并根据《翠鸟》这篇课文中对翠鸟描写的写作顺序（由上到下）观察自己选定的这只鸟。其次，教师还让学生通过网络、书籍、询问等途径，记录下自己喜欢的这种鸟的生活习性。在此基础上，教师还安排了学生们进行课外阅读，收集与鸟有关的好词好句。因此，一开课，教师让学生说说自己喜欢的鸟时，学生们就跃跃欲试，个个都想说。这种有话可说的场面就是教师在习作课中所期待的。听了学生们的一番叙述后，教师出示了生活中常见的大公鸡。一张色泽艳丽的公鸡图立刻引起了大家的关注，教师要求大家由上到下地观察了一番。经过一番细看后，教师让大家来说自己看到的形象，同时要求按一定的顺序说。学生带着自己的兴趣描述，给课堂增色不少。有学生还提道："大公鸡脖子上戴着一根黄灿灿的金链子。"学生在不经意间就把比喻句用上了，把句子说得活灵活现。教师收集了孩子们零碎而精彩的描述，伺机总结了这些好的写作方式。教师还趁机播放了公鸡生活中的片段，并赋予了精彩的描述，学生看得入神，听得开心。课堂气氛轻松愉悦，学生跃跃欲试，都想来写写自己喜欢的这种鸟儿，甚至有学生转变了自己的喜好，要写大公鸡了。习作课一瞬间就让学生主动起来了，都有写作的欲望，都想挥笔一试。学生有话可写，有内容可说，学生的作文就有了内容这个形体，再加上教师在写法上的引导，其作文就继续增色。

由此可见，中段学生尤其是三年级的学生在进行习作前，需要收集大量的相关资料，为内容做好充分准备。学生有了底气才能展示出自己写作的欲望和才华。习作有了"血肉之躯"，想要强壮就不难了。

三、课外阅读的有效指导是学生习作"丰满羽翼"的必需营养品，是滋润学生习作灵气的沃土

作文写得出色的学生，一定是个爱读书的学生；而爱读书的学生却不一定能写出佳作。这关键在于读书的过程。有的学生是囫囵吞枣式的阅读，有的学生是迫于压力而勉强无力地阅读，这种无效的阅读势必不会有太多的收获。真正喜欢阅读的学生总会爱不释手地捧读，细嚼慢咽地品味，而这样的

学生并不多，教师必须得容纳儿童好玩的天性。所以一味地追求通过大量的阅读轰炸来提升学生的习作能力的做法只会事倍功半。课外阅读的有效指导可以改变这一前后矛盾的局面。

在课堂中对学生的课外阅读进行有效的指导，可以让学生读进文本、读懂文本。在学生读了《草房子》后，教师特地为学生开了堂“班级读书会”。在课堂中很放松地聊作者、聊文中的人物、聊文中令自己记忆犹新的画面。当学生聊到文中令自己感动的故事或人物时，脸上总会流露出自己的情绪。作为教师，可以聆听到孩子精彩的发言，更能感受到孩子的心与作者的心正靠在一起跳动着。在这一节“班级读书会”中，学生都抢着说自己的感动，争着聊自己心中的想法。在大家酣畅的闲聊中，学生从彼此的发言中，一次又一次地重温着故事，故事变得越来越清楚，人物也变得越来越清晰。而这些发言不就是一个个凝练的语言习作片段吗？为了博得同班读友的赞同，学生常常会精心组织自己的语言，甚至连复述故事情节时，都可以说得眉飞色舞、神采飞扬。这样的场面不正是习作课堂所期待的画面吗？所以，这样的课堂，它就是习作课的课堂。在这样的课堂中，学生不仅燃起了主动阅读的兴趣，还在畅聊中丰满了自己的语言，吸入了课外书籍的灵气。能够把书中内容畅所欲言的学生，能够把自己的想法一抛而尽的学生，你还怕他们在习作中词穷句乏吗？作为教师，一定要充分利用课外阅读的各种契机进行有效的指导，让学生在这片灵气的沃土上茁壮成长。

在小学中段这个初入习作的阶段，教师应该有效地结合常态课中的片段练习，为专题习作课奠定坚实的写作基础和素材。在进行专题习作之前，一定要做好充分的准备，让学生能骄傲地参与其中，展示自己。而课外阅读的有效指导也必将紧而随之、齐头并进。相信有了教师这样小心翼翼而又精心规划的习作教学方式，学生一定能在习作天地中轻松自在、尽挥笔墨。经过这样悉心而又周到的教学，学生定能修得一支属于自己的“生花笔”。

享受阅读的乐趣

——读《如何设计阅读单：让孩子成为阅读高手》有感

蒋晓娟

提升学生阅读力，让学生在阅读中学习，体会阅读的乐趣，是作为一名语文教师长期的愿景。读完《如何设计阅读单——让孩子成为阅读高手》，我对如何激发学生的阅读兴趣，培养学生阅读力有了新的体会。

一、提升阅读量，找准阅读信息，体会阅读价值

打开这本书，作者在开头便传递给我们一份方法和思路，告诉我们阅读力的重要价值。书中提到："阅读量上去了，孩子的阅读能力自然就强吗？阅读量不等于阅读力。阅读单可以图文结合的形式，多引导孩子有选择、有目的、有质量地阅读，帮助孩子把阅读量转化为阅读力，成为阅读高手。"平日里，传授知识，感受成长，与学生一起经历喜怒哀乐，而读书后，我再次意识到阅读力的重要价值。在学习汉字的过程中，每一个学生都需要懂得阅读，学会阅读，在阅读信息时运用"繁忙的大脑"，在阅读与思考的过程中体会到写作能力的重要意义。而书中重点强调了知识读物的阅读策略，在助力学生理解知识读物的过程中，我也意识到阅读的价值。

二、学会阅读，掌握阅读方法

平日里，很多学生提到浏览速度慢的问题，而"窥视"是一个可以与同

伴口头完成的快速浏览的方法。学生们在开始阅读之前可以使用这个策略，将其视作为阅读和思考文本内容做准备的一种方式。蒋老师结合自己丰富的实践经验，以大量的研究实例，根据文本特点、文本类型、阅读策略进行了举例介绍。研读这本书，就像坐在列车上，浏览一份份精心设计的阅读单。下一步，我们也需要充分利用这个技巧，学生们可以选择他们自己的书籍独立或与同伴一起进行“窥视”的实践练习。特别是在语文阅读课上，教师可以通过提问的方式，让学生选择他们自己的知识类读物，在寻找包含几个标题和题目的一页或者两页的展开页的过程中，记录标题、提出问题、阅读文本。这个过程中，教师需要明确一点：了解概念是理解和运用的关键，在介绍文本结构和信息类文本中，寻找关键词，做出总结。

三、设计阅读单，让学生成为阅读的思考者、行动者

如何设计适合每一个学生的阅读单，这也是我常常思考的问题，每一个学生都有自己喜欢的书目，如何让学生在设计适合自己的阅读单中找到读书的乐趣，还需要教师多下功夫。正如书中特别提出，设计和使用阅读单时应注意以下六个方面：1.在我们有丰富的阅读感受之后再设计。2.孩子的起点在哪里，阅读单的支架就从哪里搭起。3.不要窄化阅读单的意义。4.填写后要讨论。5.不要过度使用通用型阅读单。6.不要过于频繁地使用阅读单。综合全书的内容，一张好的阅读单应该直击书的核心价值，具有引导性，具有形式上的鼓动性，有选择地降低难度，适当加以示范。我想这几点正为我们指导学生阅读提出了思路与方向。书中提到“许多孩子喜欢获得事实，尤其是我所观察的男孩，他们喜欢组成我们周围世界的琐碎的细节信息，无论是在我的课堂还是在我的家里。‘吉尼斯世界记录大全’是男孩们最常阅读的书，大声朗读资料手册的文本会使某些学生以某种方式参与进来。”因此，在知识读物的阅读力培养中，教师需要突出大声朗读这一点，让学生在大声朗读的过程，积极参与其中。特别是作者提到的“在头脑中看到阅读策略”，“通过观察思考的过程，学生形成一种阅读元认知方法，即阅读就是

思考的意识”。在掌握阅读力培养策略的过程中，教师需要积极付诸行动，在实践的融入中，掌握更多的思路，走进一池春水，带领学生前行。

四、阅读与知识教学融合，提升学生阅读兴趣

我们常说，语文课与其他课是相通的，而阅读、识字、写作等，也同样是相通的，“在有效的识字过程中，教师通过支撑和引导课堂教学来选择策略，为学生学习做示范、提供课程框架。通过引导性实践以及与彼此的互动，学生在使用新策略方面越来越熟练”。有方法，有思路，有技巧，在识字教学中依托阅读力策略，在作文练习中鼓励他们走进阅读，这是知识读物阅读力培养的一个重要方面。我们常说，兴趣是最好的老师，语文课堂如何激发学生的兴趣，也是我一直思索的一个问题。因此，从导入入手，真正将一个情景与课堂内容融为一体，这样才能让孩子走进情景中，成为学习的主体。在一次听示范课的时候，在课堂上看到老师选择小组教学，课堂效果很好，这也给我带来很多启发。平时的语文教学，特别是阅读能力的教学，如果选择提问式互动教学，虽然课堂效果也还不错，但是依然有部分同学，并没有参与到课堂中。因此，我开始尝试在课堂中开展小组讨论。通过课堂的导入，再到课堂的深入实践，我看到孩子们积极性很高，于是，我在幻灯片上播放了一道题目，让孩子们自己组织去讨论这个题目。孩子们一听，四个人一起讨论，积极性很高，纷纷表示要做小组长，讨论的时候，孩子们也都你一言、我一语的，都参与进来了，这时候，我才感受到，什么是“一个都不能少”，每一个学生都参与到课堂中，这才是一堂有价值、有意义的课。

我们需要为孩子创设良好的阅读环境，激发孩子们的阅读兴趣，教会孩子如何更好地去阅读，使之养成终身受益的好习惯。享受阅读的乐趣，进一步实现阅读知识读物能力的提升，在全力融合与促进中，与学生一起成长与进步。

浅谈如何提高小学数学讲评课的效率

——读《我就是数学》有感

郑生丽

“我就是数学”这句话出自小学数学界有名的华应龙老师之口，写这样的书名需要十足的底气。这个暑假，我跟着华老师对小学数学课堂进行了更加深刻的认识。现将自己的一些感悟整理如下。

小学数学课堂教学主要有新授课、练习课、复习课和讲评课几种课型，对于前几种课型教师们都比较重视，但讲评课往往是教师们比较容易忽视的课型，怎样上好讲评课，提高讲评课的效率成为我们需要关注的话题，下面我将谈一谈读了华老师这本书后的认识。

一、课前准备充分

讲评课是数学教学中的重要环节，通过试卷讲评可以帮助学生理清模糊的知识点，培养学生分析题意、找关键信息、提高解题准确性等多方面能力。教师要充分认识讲评课的重要性，做好充分的课前准备。

（一）及时批改试卷

每次测试后，教师一定要及时批改试卷，抓住学生刚刚考完，对题比较熟悉，想尽快知道自己分数的关键时机，因此每次测试完后我都会尽快批改完试卷。建议教师早上考试下午评讲，下午考试，最迟第二天早上要将试卷发给学生。

（二）认真分析试卷

阅卷完毕后，需要教师对学生测试情况进行认真分析。

1.分析试卷难度。学生测试结果的好坏，与试卷的难易程度有很大关系，教师要客观地对试卷的题型、考试范围、分值等进行分析。

2.学生成绩分析。每次测试完后，要对学生的成绩分布区间进行一个分析，对及格率、优秀率、高分段、低分段等做到心中有数。

3.分析学生错误原因。学生的错误原因有很多，教师要做到心中有数。是知识点没掌握？还是做题不够细心？还是时间不够……

4.确定典型错例。根据学生完成情况，教师需要整理班级学生的易错点，找到典型错题，为后续讲评做好准备。学生知识掌握不到位的题型重点讲解，个别学生马虎出错的不用全部讲解。

我认识一位特别用心的老师，他会在每次学生测试后，把每道题班上孩子的扣分情况记录在册，计算每道题的得分确定率，找到学生的困难所在，在评讲试卷时就能抓住重点，所以他班学生的成绩总是在年级上遥遥领先。

二、课中方法得当

（一）总结测试情况

在讲评试卷之前，要对学生的测试情况进行简单的总结。对考得好的同学进行表扬，对学习进步的同学要给予肯定，对后进生的鼓励也很重要，要让每个孩子都能看到自己的优势与不足，找到努力的方向。

（二）明确讲评步骤

讲评课不同于新课，新课主要是对新知识点的学习，讲评课主要是让孩子找到自己错误的原因，提高解题能力，常用的步骤有两种。

1.学生独立改错——典型错例分析——变式练习。

这种方式对学生独立改错要提出要求，改自己会改的错题，找到自己错误的原因，并做好提醒同伴的准备，不会改的题目请其他同学帮忙。学生的普遍错误就作为典型错例进行讲解分析，讲解时可发挥小老师的作用，让不同层次学生的能力在讲评课中都得到发展提升。

2.典型错例分析——变式练习——学生独立改错。

这种方式需要教师在课前对学生的错误了然于心，确定典型错例。这种方式是教师们经常使用的。不久前我听了我校三年级一位老师的试卷讲评课，教师课前做了充分准备，用学生的典型错例图片制成了PPT，课堂上教师首先将计算错例呈现出来，让学生通过小组交流，寻找错误原因，并提醒学生思考以后做类似题目要注意什么，教师实时引导总结，并将提高计算准确性的要点板书在黑板上，然后进行变式练习，通过学生间的讨论—汇报—总结—巩固练习这样的方式，计算有困难的孩子真正地得到了帮助。从学生的练习情况看来，这样的讲评方式是高效的。接着，教师又采用同样的方式，突破了学生在解决问题中的困难，引导学生找到解决问题的方法：读懂题目意思—找到关键信息—列式解答—验证，学生获得了解决问题的方法，后来的变式练习就很轻松。

（三）合理使用讲评方式

以上两种评讲方式要根据学生的测试情况和自己的上课风格进行选择。要注意的是在典型错例分析时都要注意分析错误原因，寻找解题方法。在学生提出自己的困惑时，教师不要着急讲，最好采用学生之间解惑答疑的方式，只有学生充分参与的课堂才是好课堂，学生给学生讲，可能比教师讲效果更好。最后还要进行变式练习。变式练习的量要合理，基础性题目的练习量一般是错题的两倍，这样才能达到练习巩固的目的。

三、课后认真落实

学生改错后，教师还要检查孩子的改错情况，进行二次批改，甚至是三次、四次，对于还有困难的学生应进行单独辅导，做到基础人人过关。建议学生准备错题收集本，用于记录自己出现的问题，还要能够根据自己的问题进行变式练习，达到举一反三的目的。

有效的讲评课堂教学能够帮助学生纠正错误，弥补教学中的薄弱环节，让课堂教学更加高效，教师需要在教学实践中不断摸索。

把握四点策略　赋能绘本阅读

——读《玩转绘本创意读写》有感

唐国凤

绘本，是图画和语言结合的艺术，是一种视觉化效果的文字作品类型。绘本中高质量的图与文，对培养孩子的认知能力、观察能力、沟通能力、想象力、创造力和情感发育等，都有着潜移默化的影响。寒假期间，我拜读了曹爱卫老师的《玩转绘本创意读写》，如获珍宝。全书分为上篇和下篇，上篇是“绘本创意读写的理性思考”，包括对绘本的认识、绘本教学的理念、绘本课程的设置、绘本教学的方法，其中有五个章节是介绍怎样创意读绘本；下篇是“走进绘本创意读写现场”。怎样让学生在这一阶段爱上阅读，玩转绘本，充分感受绘本的魅力呢？我想结合自己的教学经验和该书内容谈一谈对低段绘本阅读指导策略的思考。

一、玩转绘本阅读指导策略一——增设专门绘本课程

近年来，绘本在国内的知名度与日俱增，各大城市图书馆陆续开辟绘本阅读区。著名儿童文学家梅子涵先生说：图画书，是童年“最标准的书”；图画书阅读，是孩子们“最适合的阅读”。绘本是有生命力的语言，语言会变成画，画会变成语言，它能让人的内心世界变得温暖而柔软。因此教师可以把绘本引入语文课堂，在课堂上声情并茂地给学生读绘本故事，然后共同讨论几个感兴趣的话题，再引导他们展开想象，进行绘本故事的创编。统编

版教材里新设了《快乐读书吧》《和大人一起读》等栏目，旨在引导学生热爱阅读，学会阅读。因此结合统编语文教材编排的特点将绘本引入语文课堂，可以让其成为第一学段统编教材的一个有机补充和延展。

二、玩转绘本阅读指导策略二——推荐合适的绘本书籍

著名儿童文学家、儿童阅读教育专家保冬妮在《宝贝儿，我们一起走进图画书》一书中说道："阅读是人生中一件无比奇妙和令人享受的事情，而图画书是带领孩子进入阅读的最有效的通道。"教师在给孩子推荐绘本时，要选择图画色彩鲜艳的绘本。因为绘本是一种独立的图书形式，图画不仅仅起到辅助和诠释文字的作用，图画和文字之间是一种平衡的关系，共同承担着讲故事的重要责任。例如绘本《我妈妈》，作者在"我妈妈是一个有魔法的园丁"中的配图就很有意思，我引导孩子阅读时，就有目的地引导他们去自己观察图画中人物的表情、背景的色彩、周围环境的变化等。我让孩子们去观察妈妈背后的那些花盆里都长出了什么，思考作者为什么要画这些呢。学生通过观察图画，加上我的引导，他们体会到了作者想要表达的主旨：我妈妈真的、真的很棒。在选择绘本时，要从孩子的生活实际出发，融入德育教育。绘本的价值和魅力在于，它没有一句教条，却能满足孩子的成长需要；没有一句说理，却能启发孩子的深入思考；没有一点喧闹，却能激起孩子的会心大笑。在引导孩子读《彩虹色的花》结束时，我问孩子们：你们觉得彩虹色的花仅仅是一朵外表很漂亮的花吗？接着让孩子们自由发言，原来，在孩子们心中这朵彩虹色的花是一朵善良、乐于助人、乐于奉献的花，它的这种精神也感染了孩子们，孩子们的情感得到了滋养和升华。

三、玩转绘本阅读指导策略三——习得实用的阅读方法

《爷爷一定有办法》是一本温暖又有创造力的图画书。这本书写了一个勤劳节俭、充满智慧的爱孙子的爷爷，他有无穷的巧妙想法，用灵巧的双手把约瑟的旧毯子变成了孙子的外套、背心、领带、手帕、纽扣。读这一绘本

时，我引导学生在观察中想象猜测爷爷接下来会把旧毯子做成的东西变成什么。猜完之后，我们接着讲故事，学生兴致勃勃。故事激发了学生的观察能力和语言表达能力，也激活了学生的思维，我惊喜地发现孩子们居然能灵活地运用绘本中一些重复出现的句式来猜测故事情节。在教学《彩虹色的花》时，我引导学生仔细观察书中的小蜥蜴，大胆猜测彩虹色的花会摘一片什么颜色的花瓣帮助小蜥蜴。预测是绘本阅读中非常重要的策略，教师让学生根据画面大胆猜测接下来可能发生的事情，让阅读充满惊喜与趣味，同时也充分激活了学生的思维。

四、玩转绘本阅读指导策略四——创造智慧的品读种子

绘本的语言具有形象性、重复性及简洁性。“创造读”是以学生的阅读为起点，通过形式多样、丰富多彩的拓展延伸阅读活动，学生将绘本的内容进行二度开发与诠释。在读英国绘本作家露丝·盖乐薇的绘本《笨拙的螃蟹》时，我让学生表演章鱼和螃蟹，演章鱼的学生拼命地扭来扭去，左摇右摆，因为海草越缠越紧，章鱼呼吸越来越困难，在这紧急关头，螃蟹尼尼的钳子飞快地移动着，一会儿砍，一会儿切，一会儿撕，一会儿抛，终于帮助章鱼摆脱了海草，救了章鱼。看完学生的表演，我真心佩服他们。真棒啊！他们已经完全融入了故事之中，这时再让他们读书中的句子，他们自然而然就读出了章鱼的难受和情况的紧急。在教学《雪地里的脚印》时，我在PPT上显示狼先生和兔子的对话，指导学生读出狼先生有礼貌、真诚的语气，读出小兔子不相信的语气，然后再练习表演。学生可以加上动作和表情，可以完全按照书上的内容来演，也可以加上自己的动作和语言。学生通过表演习得语言，为后面的仿说铺好了路，也让课堂更生动有趣。教师这样引导学生创造性地读绘本，就等于送给学生一粒粒智慧的种子。

绘本既让学生感受了语言文字的魅力，还能让学生感受美的熏陶，引发他们内心深处的情感共鸣，激发他们的真情实感。有人这样评价绘本阅读：“绘本的阅读是高贵的阅读。去除功利心，与大师对话，就能深情感受童年

的精妙，分享和陶醉穿越时空、跨越文化、直抵心灵的温暖与感动。”教师带领着学生玩转绘本，让学生在绘本中感受阅读的快乐，最终爱上阅读，这是多么有意义的杰作！

春风十里如你，与你共话教育梦

——读《夏山学校》有感

唐春香

我第一次看到《夏山学校》这本书时，还在读研究生，也就是在那个时候认识了尼尔，那位颇有情怀的教育家和校长。如今四五年过去了，再读《夏山学校》，似乎能感受到更多的一些东西，对于教育目的的理解似乎更深了。

进入教育行业这几年来，我看到了太多不快乐的学生、不快乐的家长，甚至是不快乐的教师，为什么呢？有人说是因为社会对教育赋予了太多的期待。“书中自有黄金屋”“书中自有颜如玉”，当“颜如玉”和“黄金屋”成为教育的目的，我们的儿童在哪里呢？尤其是我们的小学阶段，我们应该教给孩子什么？是简单的字词句段篇？是刻板的文法修辞？或是冰冷的分数排位？也许是，但我相信这只是教育的一部分，但一定不是全部。如果我们的孩子每一个都考上了好的大学，最后却不快乐，找不到自己存在的意义，那么这样的教育是否还有意义？

我在《夏山学校》里看到这样一句话：“所谓成功是指一个人能够快乐地工作和积极地生活。”积极快乐地生活……我开始明白原来所谓教育不过是让孩子成为他自己，而不是以世俗的标准来界定是否成功。书中提到，即便学校教出的是一个快乐的清洁工，也远比培养出一个精神不正常的学者要强得多。通过文字我发现，夏山似乎是全球最快乐的学校。虽然夏山所招收的学生是家长和教师眼中的问题儿童，来夏山之前，这些孩子厌学、自卑、叛逆；到夏山之后，他们发生了翻天覆地的变化：自发自觉地学习，独立自主地生活，充满自信，也懂得了爱己爱人，每个孩子的身心都得到充分自由的发展。

这是多么美好的“世外桃源”。当我重新审视这句话时，我想问题并不是出现在这句话本身，而是人们对于好的定义。什么是“好”？什么是“好学生”？如果一个学生考试考到60分，但他快乐积极上进，爱好唱歌，有礼貌，请问他是好学生吗？我想，他是一个好学生。但在我们传统意义上，他不算，因为“万般皆下品唯有读书高”，因为“学而优则仕”，于是虽然“德智体美劳”全面发展的教育目标已经提出很多年了，但是“体”“美”“劳”的发展在少数家长那里依然得不到肯定，依然被认为是“不务正业”。面对即将毕业的孩子们，我留给了他们什么呢？我慢慢翻开了孩子们的相册，在与他们相处的短暂两年时光里，我们留下了哪些回忆呢？索性让回忆在指间蔓延开来，“水果派对”“炫彩农场”“诗词大会”“针锋相对”“军旅生涯”“研学旅行”“课本剧表演”……

一张张照片，一帧帧回忆，一幕幕往事，有你真好，原来放过孩子也就是放过自己，成就孩子也就是成就自己，教育的本原不过一句“快乐地生活和积极地工作”。春风十里如你，与你共话教育梦，原来你是我的春风，你是我的梦。

多发现，善思考

——读《从问题到建议——中小学教育研究行动指南》有感

李阳静

《从问题到建议——中小学教育研究行动指南》一书通过具体的教育教学研究案例揭示了在教学实践中教育科研的意义与方法，强调了研与修的结合，倡导教师的研究要落在实处，返璞归真。区别于学术性的科研著作，该书通过研究分析具体的教育教学和评价教育科研方法，提供了大量的一线研究案例，更贴近中小学教师的实际需求。我从吃力地读起，到啃完此书，感觉收获良多。书中直接抓住了教育教学科研工作的要害，从要害中突破，结合一定的理论观点，让理论与实践无缝对接，给一线教师提供了有针对性的指导和参考。

一、驱动问题，让研究层层深入

问题是研究的起点，但很多教师在实践中却很难发现自己的问题，甚至有的教师在教育教学中的困惑很多，但到了真正要去做研究时，却找不到一个有价值的教学问题，只是把研究当问题，当成切身经历的困惑，或者尽其所能地挣扎，不明其里。爱因斯坦说过："提出一个问题往往比解决一个问题更重要……而提出新问题、新的可能性，从新的角度看旧的问题，都需要有创造性的想象力，而且标志着科学的真正进步。"所以，教师要在日常教学工作中做个有心人，要细心观察工作中碰到的各类问题，及时记录下自己解决这个问题采取的措施、实施效果和反思，做好问题记录整理。这样在正式写论文、做课题研究的时候才能有主题可写，有素材可用。教师除了要在实际工作中有一双发现问题的眼睛，还应以问题为出发点，展开思路、制定计划、确立研究的路线，做实实在在的研究。这样，经过一个阶段工作的积累、反思和总结，教师就能更好地认识到教学中存在的不足，及时找到解决措施，提升教育教学的质量，教师的教育教学科研能力就能得到提高。

二、紧抓细节，让研究回归常态

该书把教育教学科研的过程作为改善工作、生活的过程，将研究的目的定位于改善工作和生活，让从事教育教学的教师们生活得更舒服，工作得更轻松。当教师的研究能改善自己的生活、工作，相信这样的研究不再会是一种负担，而是一种享受，更成为生活工作的一部分。教育科研如何融入教师的生活，需要教师去关注身边的教育细节，回归教学常态。在自己实践中找寻研究的课题，做身边的研究，切入点小一点，研究更实在点。比如怎样确定主题，开题了要写些什么，问卷调查等实践工作怎么展开等，书中对于这些问题做了详细的解答，分析教育实践中的问题并进行归因，从确定研究主题到形成对策设想，明确研究的计划和步骤再到如何做成果总结等。每一个环节又做了具体的展开阐述，如文献如何收集、分析，研究主题的表述要注意什么等。阅读了该书后，我对于如何做一个科研性的教师比之前有了更进一步的了解，也明确地知道了每一步该做些什么，该怎么去做。

三、传播共享，让研究内化素养

教育教学研究成果不仅仅局限于教育质量的提升，它不只是体现在文本上，更重要的是要将其孕育在学校的教育土地上。因此，教研成果的传播主要是选择和“内化”的过程，不能强制，要自愿；不是照搬，是内化。而简化研究形式是值得我们一线教师学习的。该书倡导让研究回归朴素。这样就更接地气，更贴近教师。这样的研究才会让教师有收获，在研究中提升自己的能力、信心，增长智慧。有了这些素养，教师就会从容不迫，教师的职业生活就会发生彻底改变。该书倡导把研究当作一个团队、一个地区的大事，这很值得学习。在团队与地区中共享传播，是很好的策略，不仅帮助自己成长，还能带动大家一起在研究中提升。这样的研究不会孤单，反而能让整个群体得到提升，能使整个教育得到提升。

教师成长离不开教学研究，只要不断播撒发现问题的种子，从身边的细节入手，实实在在地研究，再将自己的研究成果共享传播，将研究成果付诸行动，相信我们每一位教师都会成长为善于思考的教育教学研究者。

学习　反思　进步

——读《给教师的5把钥匙》有感

郑生丽

寒假期间我拜读了上海市虹口区教育局局长常生龙先生的《给教师的5把钥匙》一书，这本书送的五把钥匙分别是：拔高一层看教育、千方百计提升自己、有一颗学生的心、遵循学习的规律、保持积极的心态。这五把钥匙为我们一线教师指明了努力的方向，指导我们如何把自己的教育教学工作做好，如何成为一名家长信任、学生爱戴的好老师。下面就本书谈谈我读完后的一些想法。

一、保持学习激情

读书是教师最好的修行。于漪老师说："一辈子做教师，一辈子学做教师。"吴正宪老师说："本领不是天生的，只能不懈努力，拜书本为师。教师的专业成长并无捷径。"该书的作者常生龙先生在繁忙的工作之余还坚持每周阅读一本书，每周至少写一篇书评或者读后感，让阅读和写作成为自己的生活方式。这些教育家们都有一个共同点，持之以恒地做一件事——阅读。阅读是教师专业成长最重要的途径，反观自己，在阅读方面做得还很不够，我要不断地提醒自己，做一名学习型教师，保持学习的激情，学习学科最新动态，学习名师的教学方式方法，用自己的行动来影响学生。

二、激发学生兴趣

德国哲学家雅斯贝尔斯说：“教育是用一棵树摇动另一棵树，一朵云推动另一朵云，一个灵魂唤醒另一个灵魂。”作为成年人，我们要有一颗童心，去呵护孩子的心灵，激发学生的学习兴趣。兴趣是学习的源泉和动力。就我任教的数学学科而言，我认为喜欢学习数学和在数学学习上取得成就的人往往是从对数学的兴趣开始的；而学不好数学，或不想再学数学的人，往往是从对数学失去兴趣开始的。作为一名教师，要让学生喜欢上自己的课堂，必须保持教学的新鲜度，比如，转变自己的教学方式，根据教学内容采用合适的教学方式，将生活和教学结合，将不同学科知识结合等，这些都是激发学生学习兴趣的好方法。

三、善于反思总结

课堂因“错误”而精彩。但是我们常常看到一些课上得十分顺利，教师讲得准确无误，学生个个对答如流。既然学生都会了，那教师为什么还要教呢？学生在课堂上没有问题，没有矛盾，教师的价值如何体现呢？那些近乎完美的课不见得就是好课，甚至是淡然无味的课。而真正有味道的反倒是那些有差错的课。优秀老师的课正是由于容错而精彩，我们常常看到教师和学生共同面对一些差错，在差错中悟出道理，有所收获，课堂变得更有味道，学生印象也更深刻。当然作为教师，要在学生的每一次错误中反思，学生为什么会犯这样的错误，要如何帮助孩子通过数学课堂上的学习，在以后的学习中避免这样的错误，这就需要教师具备反思的能力。

每一个人在这个世界上都是独一无二的，教师也一样，每一个教师都有他的独到之处。要成为一名教老师，一定要善于总结，总结自己的得失，逐渐形成自己的特色，或严谨，或幽默，只要有自己的特色，只要学生喜欢就行。我们经常看到，有的教师一上课就用亲和的话语拉近了自己和学生的距离，有的教师一上课就有超强的驾驭课堂的能力，让学生一下子进入学习之中。但是也不乏有教师将优秀教师的课照搬到自己的班上去，结果不合学生的胃口，最后得不偿失，所以教师可以借鉴好的教学方法，但是绝不能照搬，一定要符合自己的教学特色，符合学生的学习习惯。

四、拥有积极心态

用良好的心态对待生活和工作，就是在善待生命。教师的精神状态很大程度上会影响学生学习的积极性，越是积极乐观，越是认真热情的老师，越能够得到学生的喜爱。教师的精神状态好了，能调动课堂气氛，对教学目标的达到会起到很好的推动作用。爱笑的老师教出的学生也爱笑，自信的老师教出学生也自信。教师拥有积极的心态，可以让自己容面对教学工作中的烦恼，从而使自己能更好地完成教学工作，体会到职业的幸福感。

以上便是读了常先生《给教师的5把钥匙》一书后的一些思考，在今后的工作中，我将努力用好这5把钥匙，不断地提醒自己多学习、常反思，努力成为一名家长信任、学生爱戴的好老师。

融错生智

——读《中国著名特级教师教学思想录》有感

罗　丹

“融错”是指把课堂教学中的差错融化为一种教学资源，相继融入后续的教学过程中，“化腐朽为神奇”，变“事故”为“故事”，这与我国古代“相克相生，相反相成”等哲学思想相契合。这是华应龙老师的化错教育，亦称“融错教育”。“错”常有，“融错”却不常有，融错教育三部曲：容—融—荣。

一、“容”生疑

“容”，指宽容、包容，容纳差错。“容”的对象既应当是学生，也应当是教师。学生的错误在教学中常见且棘手，教学中大多数学生的错误容易被教师忽略或视为洪水猛兽。对于“融错”，首先教师应当有意识地转变，能够包容、欣赏学生的错，同时引导学生改变自己对待错误的态度。当然对错误的“容”，不是毫无限度的“忍”，而是帮助学生在接受错误的过程中探究、发现，进而明确当前存在的具体问题。“容”生疑，即在接受学生错误的同时，帮助学生直面错误，从错误中寻求问题，找准问题。

“容”还应当引导学生悦纳自己的差错，只有学生以积极健康的心态接纳自己的错误，自己才能直面错误，从“容错”转变为“直面疑难”，以“容”生疑。教学过程中教师还应当和学生一起“容”错，根据学生错的特点，错的位置等，总结错的“规律”，在日常教学中找准机会或创造机会多次暴露差错，引起学生的重视。引导学生在认识错误的过程中逐步展开自己的认知。帮助学生处理新问题，识别复杂情景。

二、“融”生法

“融”是把错误作为一种资源，从外在表现入手，引导学生暴露思维过程，分析其内在机制，融化、融合、融通，将教学活动引向深入。

“融”之三步：究其原因、错中重生、活用教师差错。

分析错误背后的原因是“融”错的第一步。在日常数学教学中，学生的错题是教学的第一手资源。教师可深入分析学生出现问题的原因，归类原因，进而重新融入课堂成为新的教学资源，成为帮助学生跨越错误的垫脚石。“错误可能有无穷种结合方式，真理却只有一种”，教学中学生的错误也有很多种呈现方式，只有教师对学生的错误透彻分析，才能帮助学生正确解决问题。需要教师找准学生思维的困顿点，在恰当处提点，帮助学生走出思维的泥沼。

“融”错不仅仅是学生的学习错误，还应当活用教师的“差错”。华罗庚说：天下只有哑巴没有说错过话，天下只有白痴没有想错过问题，天下没有数学家没算错过题。所以教师出错正常且常见，教师需正视、灵活地面对自己的差错，寻找差错中的教育资源，探究“化错”的教育法则。

三、“荣”生情

“疑”“法”均是结果，“融错”不仅仅要具备探寻问题的钻研精神，还应当培养学生对差错的欣赏、对探究的热情以及对待自己的宽容。“荣”的关键不是以错误、“融”错为荣，而是在转化错的过程中态度积极，有所成长，能够在“化错”过程中感受到快乐，体会到成长，以成长为荣。

“荣”是学生经历“融”错教育的最高层次，同时也是“融”错教育的精神目标。教师在“融”错的过程中，不仅仅引导学生学会直面错误，解决问题，化错生知，更重要的是培养学生面对尝试的渴望、面对错误的坦然，以及用于分享错误的自豪感和自我接纳感。容，是体悟到错误价值的宽容；融，是从错误生出正确的融化；荣，不是以错误为荣，而是在“融”错中成长。在“容”错中接纳，在“融”错中生知，在“荣”错中生情，最后在“融错教育”中生智。

当然，不怕出错，允许出错，不等于鼓励和提倡犯错。少犯错仍是必须坚持的一条原则。只有学生在尽最大努力避免出错的前提下所犯的错，才可能具有教育价值。华老师的“融错教育”不是我的第一次接触，应该也不是最后一次，我将常读常新，抓住典型错误，融错生知，融错生智。

“简单”还是“不简单”

——读《简简单单教语文》有感

晏　丽

支玉恒老师是我入职以来听到现场课最多的一位大师，听他上《第一场雪》这一课时我刚走上讲台不久，在听课现场，我除了感到震撼之外，更多的是不懂。不懂他的课为什么这样上，为什么这样上的效果如此之好。当时我还处于“外行看热闹”的阶段。随着教学经验的丰富，成长阅历的积淀，我似乎越来越能看“懂”支老师的课，听“懂”他讲的道理了。

一、知其人

在读支老师的这本书之前，我还曾反复读了于永正老师的教学实录、教学思想，最近还读了于漪老师的教学思想。总的感受是：他们都经历过文革最艰苦的一段历程；他们都是一路伴着生活的艰辛和奋斗的喜悦走来；他们都珍惜自己的工作，感恩对他们有过帮助的人；他们都是心存善良，心怀教育、无私奉献的人。

支老师一家不管是孩子还是他自己都是多灾多难，病痛缠身。心梗手术没有打倒乐观的他，在面对病痛折磨的时候，他依然不断地赋诗作对，对生活的磨难报以微笑，这是何等的胸襟。于永正老师在成家立业的过程中受到丈母娘无比的支持，这份莫大的恩情，成为他一直奋发的动力。于漪老师也是一直病痛缠身，但从未磨灭她对教育的热忱，她不仅要管好一个班，还要管理好一个学校，甚至高瞻远瞩，大声呼吁社会对教育的关注，为中国教育做出了巨大的贡献。

二、悟其课

支老师对语文教学，对祖国的语言文字有着深深的热爱之情。从他“简简单单教语文，平平实实更有歌”的教育理念中，我们可以感受到他的教育境界。

我很喜欢听他朗读，支老师总是在学生学习的过程中做范读，他的范读里没有矫揉造作，他认为，好的朗读方法与技巧会加深人们对读物的领会。话虽简单，但操作实属不易。关于朗读他就有深入的研究，要读出：轻、重、缓、急、疾、虚、实、浓、淡、刚、柔、隐、现、顿、拖、断、连等。虽说是“读”一字，但却蕴含着支老师丰富的体会、深切的情感，让学生在课堂中如临其境。

喜欢听他带着学生在语言文字中来来回回走几趟的那种韵味。他认为备课是对课文内容、结构、情感等方面做深入分析，再针对课的特点联系自己的经验进行分析、思考后选择合适的方法进行教学。看起来似乎没什么特别，但实际上他还要做更深入的准备。

（一）细读一遍，抓住根本

他细读的精髓在于寻找自己对课文的第一印象，也是想抓住作者写作中浓墨重彩的内容。我理解的这一步，是教师就自己的领悟水平对文本进行初步感知。但支老师不是读读而已，而是下苦功夫把课文背下来。

（二）注重实质，简化课堂

“内容决定形式。”一旦把握了教材内容，教学方法就有了。但支老师一再强调：过程与方法要做到举一反三；要择要而教；要扩大效果；要精心设问。大道至简，支老师提倡提一个大的问题，把知识点做到精简，杜绝面面俱到却处处不落实。

（三）驾驭课堂，随机调控

他认为教学最好是设计几个简单的教学步骤，根据教学实际随机调整。苏霍姆林斯基说：一个好的老师，好就好在他能觉察课的发展情况，能正好从本节课发展的逻辑出发，按照此时此刻是唯一正确的道路走下去。作为教师，驾驭课堂就是驾驭学生的学情，驾驭学生的思维，但不是驾驭教案。这是对教师一个非常高的要求。

知其人、悟其课。读着支老师的书，看着支老师的课，正如夜空中一颗明亮的星，不断指引我前行。大道至简，支老师总说他的课“简单”，我想正是因为他悟出教育的“大道”得出于课堂的“简”，这也是我上下求索的方向。

学得多一点　爱得真一点

——读《给教师的5把钥匙》有感

陈雪玲

寒假期间，拜读了常生龙教授的《给教师的5把钥匙》，感慨颇多。在教育改革的浪潮中，想要做一个适应新时代教育的老师，成为一名优秀的教师，不仅要专业过硬，更为重要的是要保持对教育的热情，激励学生一起共同奋斗。常教授的5把钥匙，是给教师们的五个建议，我想谈谈我对这5把钥匙的看法。

一、第一把钥匙：拔高一层看教育

简而言之，就是站得高一点，真正要做到这一点并不容易，作为一线的教师，每天要备课、上课、批改作业、处理学生中发生的一些问题、与家长沟通等。大多数教师都在尽职尽责地干好自己的本职工作，很少拔高一层看教育，但是真的站得高一点，你会发现教育其实并没有我们想象中那么复杂，关注核心教育，教师应具备的教育观念，多审视教育技术和教育的关系，面向未来应具备哪些能力等，这些观点让我们从层层的教育迷雾中看清未来，进而把握未来教育的方向。

特别同意常生龙教授在第一把钥匙中提到教师应具备的几个观点：关系第一，知识第二；联系第一，记忆第二；探究第一，讲授第二。学生自己是学习的主人，如果学生不想学，教师绞尽脑汁教也没用，让学生体会到通过自己的努力，获得知识的成就感，从而激发学生学习的兴趣和欲望，这也鼓励我继续坚持在数学教学过程中的一些做法，比如坚持让学生在单元结束后，用思维导图来总结本单元的知识。通过动手操作，帮助学生回顾梳理知识，形成知识的网络图，将所有的知识点融会贯通，从而将数学知识内化为自己的东西。

二、第二把钥匙：千方百计提升自己

教师不仅是一门职业，更重要的是培养建设祖国的接班人，“打铁还需自身硬”，这一项光荣而神圣的职业意味着教师要给学生一碗水，自己就得有一桶水，教师首先要明确自己的社会责任，就像于漪老师说的一辈子做教师，一辈子学做教师。

我特别同意常教授提到的精熟教学法，我认为复习就是精熟教学法的体现，一方面将知识点形成知识网络，把数学书读薄；另一方面进行拓展应用，把数学书读厚，更为重要的是让学生在这一过程中收获自信心，付出了辛苦的学习就会有收获，从而增强他学习的自信心，对于我们数学学科来说“数学的学习是从厚到薄，又从薄到厚的过程”。

三、第三把钥匙：有一颗学生的心

我想：有一颗学生的心，就是要有一颗童心，小学生不喜欢天天一板一眼、天天“之乎者也”说规矩的教师。想要走进学生的内心，了解学生，就要站在学生的角度去思考问题，因为学生的快乐而快乐、因为学生的伤心而伤心。尤其是我们小学教师，更要保持一颗童心。我有一次听说有学生因为不喜欢某个老师而不喜欢这门学科，让我想起我们学校一个叫万颖的英语老师的话：“要跟学生多聊天、了解他们的内心世界，跟他们成为朋友，你看自己的朋友，他就会支持你，你跟学生成为朋友，他也会支持你，包括课堂上认真听讲、认真完成你的作业，这样你就觉得教书没有那么累。”事实也证明万老师的学生非常喜欢她，下课就围着她问东问西，课堂氛围非常和谐，教师教得轻松，学生也学得轻松。保持一颗童心，就会让自己过得快乐一点，生活得更简单一点。

四、第四把钥匙：遵循学习的规律

作为一名教师，只有了解学生学习的规律，才能设计符合学生的年龄特点的教学并予以实施。学习是一个积累的过程，学生在知识的认知上是一个空白，不要用我们成年人的标准来衡量学生。教师经常有这样的想法，我讲得那么多遍、那么细，那么简单的问题，为什么学生还是不会？教师没有意识到学生学习的规律，就会怀疑自己的教学能力，无形中对学生的态度也就不会好，长时间这样，学生也会失会学习的自信心，从而失去学习的动力。反之正确认识学生的发展规律，适当调整自己的教学方法，会起到事半功倍的效果。

五、第五把钥匙：保持积极的心态

我很赞同常教授雕琢我们幸福的生活的观点，生活是自己过的，教师有着多重身份，要扮演孩子的家长、丈夫或者妻子、父母的女儿或儿子，有烦人的家庭琐事，更有繁杂的班务工作。如果天天抱怨，日子就会过得累心又累身。开心也是一天，不开心也是一天，为啥不开开心心地对待每一天呢？就像常教授所说，为自己建设一个富足的精神家园，这件工作不在于政府、社会和学校，而在于教师自己，应该努力去认识自己的心灵世界，建设富足的精神家园，为自己一生的幸福奠基。

为师之道　成就风景

——读《我的为师之道》有感

龙　琴

在《我的为师之道》一书中，于永正老师说："我一生追求的目标是做一个学生喜欢的老师。"于老师从跨入徐州师范学校大门的那一天起就告诫自己："以所有教过我的老师为镜，按照我喜欢的、崇拜的老师塑造自己。"

于老师认为，要做一个学生喜欢的老师，就要做"性温""味甘"的甘草，要有一颗包容的心，要让每个学生都感觉到老师是喜欢他的。不断学习，修炼好我们的上课功，把课上得有意思，努力让自己成为文化人，要知道，成就自己的是明天的风景。于老师的《我的为师之道》，让我感慨颇多，不断反思自我：我在让学生喜欢我的路上走了多远?

一、阅书阅己，终生阅读

时代在进步，知识在更新。读书不亚于女人化妆，书籍就像女人的化妆品一样不可或缺。用知识武装自己，香气四溢，留香永久。不读书的人，就没有消化生活的胃，不读课标、教材的老师，就没有消化教材的胃。

书是养人的。读书，不只是在阅读生命的感受，而且让人气度不凡，那种由内而外散发的魅力无可替代。所谓"腹有诗书气自华"，也许原因就在此。例如，我们在上关于母爱文章的课时，学生理解母亲肩上的"重担"一词时，我们脱口而出："儿病恨不将身替，调理汤药不离身"；又如说到儿女即将远行、母亲的牵挂时，我们来一句"慈母手中线，游子身上衣，临行密密缝，意恐迟迟归"；说到母亲为教育子女而不惜付出巨大的代价时，我们吟道："昔孟母，择邻处，子不学，断机杼"……如此，学生是不是就会对我们刮目相看，增加几分崇拜呢？作为老师，我们就应该是一本丰厚的书。语文老师站在课堂上，也就应该是语文。

二、悦生悦己，性温味甘

善待自己，充实自己，爱每一个孩子。每个学生都渴望老师喜欢他。美国托德·威特克尔曾说："不强求你喜欢每个学生，但要做出喜欢他的样子。如果你的行为并不说明你喜欢他们，那你无论多么喜欢他们都没有用。但是，如果你的行为表现出你喜欢他们，那么，无论你是否真的喜欢也无关紧要了。"做出喜欢他的样子，可以是一句关心的话，一个甜甜的微笑，一个鼓励的眼神，一个温柔的动作，一件小礼品……总之，一定是你的"行为"：行为的背后，是教师的理解，是老师的爱。记得泰戈尔说："爱是理解的别名。"

2016年9月，一批可爱的孩子，一群六七岁的孩子，带着花一般的笑容，走进了我的教育生命。他们，是刚刚萌芽的小草，默默无语的小星，是即将开放的小荷，更是我满满的幸福与无比的快乐。

生病几天没到校上课的孩子，让我多了一丝牵挂，多了一份想念；看着孩子们兴奋而又满足地分享我外出学习带回的特产，让我多了些许快乐；看到孩子们搞笑的动作，我会跟着他们哈哈大笑……外出学习，看到搭班教师分享的孩子们运动会练习的视频，我会笑着笑着又满眼噙泪；在寒冷的冬天，当孩子迟到，可爱的孩子用小声、稚嫩而带歉意的声音给我说："今天早上我和爸爸给汽车除冰，除了好久……"我不但没因她迟到而生气，反而红了眼眶："我知道了，孩子，快去坐下吧。"公开课上，看着他们专注的神情，高高举起的小手，流畅而清楚地表达自己的见解时，我满是欣慰；他们的一篇篇日记，就像萤火虫那一束束小小的光亮，虽不耀眼却很美丽，在夏夜里独成一道靓丽的风景。愿这小小的光亮照亮孩子们的心房，伴随着他们的成长……我相信，他们已然成了我生命的一部分。泰戈尔说："天空没有留下翅膀的痕迹，但我已经飞过。"我想说，在孩子们成长的心灵天空，我也飞过了，希望能在孩子们心中留下一些痕迹。

三、亦师亦友，童心不泯

齐白石作画，在"是"与"非是"之间。太像老师，师生间必有距离；太像上课，很可能"万马齐喑"；太像那么回事，就不是那么回事了。我们在讲课时不要倒背着手，而要把课上得有意思：教出恍然大悟，有意思；琅琅读书声，有意思；贴近儿童的生活方式，有意思；轻松的课堂，有意思；孩子们在课堂上有了新的收获，有意思……以情教书，理在其中。

和学生相处，不高高在上，蹲下身来和学生谈话；我们要把自己当成班级中的一员，为学生做点事，比如说做值日；课间和孩子们一起玩耍；和学生一起演课本剧；在班会课上经常给孩子们讲故事、讲笑话等。

我们要少些限制，多些引导；少些理性，多些情趣；少些包办，多些自主。前不久，轮到我班做全校值日，为全校打扫卫生。需要42位同学，两两一组，到学校的各个角落去打扫。打扫地点学校已经安排好，就需要我班安排落实到每一个孩子。我把这个任务交给我班班长负责。（我想，五年级了，应该锻炼锻炼他们了，但心里还是比较忐忑）没想到，班长安排得井井有条，还用投影边安排边展示，有模有样，就像一位小老师。之后各小组按照班长的安排都到了指定的地点，认真负责，忙得不亦乐乎。三十分钟快乐的劳动时间结束后，孩子们写了自己在这次劳动中的体会和收获，还有给全校同学的温馨提示。这就是"放手"带给我的惊喜吧！

四、正身正心，影响激励

教育有两个名字：影响和激励。汉代班固说："教者何谓也？教者，效也，上为之，下效之。”因此，教师要写好自己这本“无字之书”。上讲台，穿戴不能随便；书写不能潦草；说话不能随意；态度不能生硬；错误需要承认；行动不能落后；备课不能马虎……

德国第斯多惠说：“教学艺术的本质不在于传授的本领，而在于激励、唤醒和鼓舞。”于老师说：“激励要动情，激励要及时，激励要当众，激励要重复。用放大镜找激励后进生的理由，没有学困生，只有差异。”我特别欣赏这句话：“不是优秀的孩子被表扬，而是表扬能让孩子变优秀；不是愚笨的孩子被批评，而是批评能让孩子变愚笨。”

我喜欢雷夫·艾斯奎斯所说的一段话：假如你命该扫街，就扫得有模有样，一如米开朗琪罗在画画，一如莎士比亚在写诗，一如贝多芬在作曲。站上讲台，语文老师就应该是语文。既然选择了教师，选择了语文教师，我们就要写好语文教师这本书，不断地去充实它的内容，学习为师之道，做一个让学生喜欢的老师。

教育因热爱、尊重而美

——读《吴正宪课堂教学策略》有感

张忠凤

我初识吴正宪老师是十几年前，在全国数学课堂教学研讨会上聆听《估算》一课。课毕，全场老师和学生都舍不得下课，是什么吸引着大家依依不舍呢？是吴老师高超的教学艺术，更是她高尚的人格魅力，让大家在这短短四十分钟与她产生了思维与情感的共鸣。

这个寒假，我拿起《吴正宪课堂教学策略》这本书，含英咀华。书中一共介绍了数学课堂教学的21个策略，有如何把握教材、深入了解学生的策略；也有怎样设计教学过程、优化课堂教学方法的等多方面的策略指导；还有如何通过评价语指向教学所需的策略等。每一种策略既有理论，又有具体案例及解析方法，后面附上几句精辟的小贴士加以总结，最后吴老师还要支上几招，真是字字受益。从这本书中，我读到了最好的数学教法，读到了最美的数学课堂。吴老师在字里行间时刻透露着她的那份教育情怀，展现着那份她对学生持久的热爱与尊重，这本书如一股和煦的春风，撩动了我对教育探究的渴望。在叹服吴老师有着非凡教育智慧的同时，我也如沐春风，迅速厘清了自己的思绪，对以后的教学有了更好的方向。

一、教育是爱的事业

苏霍姆林斯基说："没有爱，就没有教育。"爱是一种良好积极的教育心态，吴老师做到了热爱教育和学生，她总走在教育一线，亲自示范课例，带领团队所有老师潜心研究教学与学生，研究教师专业发展与数学教学。不管是理论还是课堂，吴老师一直在不断思考、实践、提升。创设情境在数学课堂教学中至关重要，书中给我们指明了创设情境要从情趣、生活、问题、互动、文化五方面入手，在展示的课例中，呈现了各种生动又有意义的教学情境。例如，看似简单的讲故事、回归生活情境、课件生动演示等方法，细细品来，都是吴老师以及团队教师经过反复琢磨，为优化教学而费尽心思设置的一个个巧妙的情境，这些深思熟虑而又新颖独特的教学设计，正是她对教育事业的那份热爱在发光发热，温暖着学生，也温暖着学习的每一位老师。

二、教育因尊重而美

精彩的课堂源于对教育本质的理解，吴老师总能洞察学生的学习过程。在教学的每一个环节，她都会用激励的语言、体态，细腻地向学生传递着信任与尊重。书中介绍了运用有效评价的策略，从合理评价、延迟评价、积极评价、利用评价四个方面关注学生课堂活动中表现出来的情感与态度。例如，学生有精彩表现，吴老师会给学生鞠躬；学生没有及时回答上问题，她会耐心等待学生的回答；为了突破知识的难点、重点，课堂形式会采用激烈辩论，以此抓住每个学生的心；她总能用肯定的话语评价学生："很欣赏你啊""你真是与众不同"等。这样温暖的语言，再配以俯下身子与学生交流，倾听他们的心声的身体语言，学生感觉就像个老朋友与自己谈心似的，这样真情流淌的生命课堂，怎一个美字了得！

吴老师的数学教学被称作"爱与美的旋律"，读了这本书，使我更加明白，她的课堂中的知情交融，各个环节无不渗透着爱与尊重。一个微笑，一句表扬，一次掌声，真诚的赞赏与热情的鼓励，都是那么充满温暖的人情味，这样温情而美丽的课堂，让学生心智成长的同时，也无比享受。今后，我会在自己的课堂教学中努力根据教学内容融合吴老师给我们建议的21个教学策略，以生为本，爱教育更爱学生，做到"心中有数，教学有术"。

学校无小事，教师无小节

——读《我的教学生涯》有感

张庭华

学校无小事，事事皆育人；教师无小节，节节皆师表。这是《我的教学生涯》这本书给我最深的感触。斯霞老师认为，为人师者，尤其是小学教师，常常被学生认为是言行典范，智慧化身。教师的言行往往对学生影响深远。从教27年，她无数次被人嘲笑、打压，但她依然无怨无悔。我被斯霞老师无私奉献的精神和对祖国教育事业赤诚的信念所深深打动。

一、赏识教育，唤醒学生自信

著名美国心理学家詹姆斯说过：“人性中最深切的禀质乃是被人赏识的渴望。”教育，要走进孩子的心，首先要肯定他们、赏识他们，哪怕再小的肯定，都可能在孩子心里激发巨大的自信心。

我记得任教五年级时，班上转来一个学生C，他一直独来独往，从不主动和老师同学交流，我找他聊天询问原因，得到的反馈不是低头就是沉默。我不禁认真思考起来：是因为性格内向吗？因为刚来没融入集体感到孤独？还是有其他什么原因呢？带着这些疑问，我和他的母亲进行了详细沟通。原来他父母工作忙，没太多时间管教，于是我建议家长选择适当的教育方式，多为他提供表现自己、展现自己的机会。例如，让C在家做一些力所能及的事，从小事中发现他的进步并表扬。除此之外，为了改变C倔强、孤僻的个性，我经常在课余时间找他聊天，让他感受到我对他的关爱，上课时也不在班上公开点名批评他，发现有所进步及时给予表扬，在上课时经常用眼神关注他并且用语言提醒他，还常常对其他学生说："C同学在课堂上听得太认真了，大家应该好好向他学习呀……"后来C越来越开朗，也越来越自信了。

其实每一个学生都希望别人认为自己是一个好学生。所以，从细微处观察学生点滴进步，赏识并夸奖，更能让学生从内心认同老师的言行。反之，如果不顾学生内心真实想法，否定甚至恶语相向，反而会激起学生叛逆之心。

二、正面教育，规范学生举止

教师要在细微之处告知孩子，如何做才是正确的，如何做才是错误的，让学生真正思考并理解。这样一定会减少学生错误的概率。

曾经做过这样的尝试：在上课时，有个别学生没有坐端正，就不采用点名批评的方式，而是表扬一两个坐得特别端正、听得特别认真的孩子，所有的孩子都会向这两个被表扬的孩子学习，他们"虎躯一震"，包括开小差的孩子。当学生做题错很多时，也不要一味地批评，而去分析出现的原因，教学生方法，比批评更有效果。可见正面教育的力量是很强大的。

教师想让学生成为什么人，做什么样的事情，那么首先教师的言论，就要往自己希望的方向引导。一个鸡蛋，从里面打破是生命，从外面打破是毁灭。教育当如是。

三、德高身正，提升学生素养

为人师表，要注重品德培养，身体力行，为学子树立良好形象，做学生的楷模标杆，成为他们的榜样，有助于提升学生素养。对于学生在学校发生的每一件事，我都本着公平公正的原则处理，动之以情，晓之以理。久而久之，学生都有很强的规则意识，哪怕是最调皮的学生，为他们客观分析事情的始末后，他们都能尽快地认识到自己做得好的地方以及不足之处。除此之外，教师的言行举止无时无刻不在影响学生，这种影响是潜移默化的。例如，我曾经因为学生如果做事太令我生气，就语气很严厉、表情很严肃，有时甚至可以称作“咆哮”。意识到这一点是在一次自习上，我在讲台上给做错题的孩子纠错批改，有些孩子错得太多，安排的“小老师”给“小学生”讲题，“小学生”不认真听时，“小老师”的咆哮和曾经的我如出一辙。那一刻我意识到，教师的言行对学生的影响非常大，从此，我有意识地改变一些处事方法和态度，很生气时，深呼吸，冷静客观地处理，渐渐的，这种改变也在我的学生身上体现。

所谓“德高为师，身正为范”，老师的榜样示范作用不容小觑，教学之道，真是路漫漫其修远，唯有上下不断求索，方可增益。

《我的教学生涯》扉页上诗人臧克家的诗句历历在目：“一个和孩子常年在一起的人，她的心灵永远活泼像清泉。一个热情培育小苗的人，她会欣赏它生长的风烟。一个忘我劳动的人，她的形象在别人的记忆中活鲜。一个用心温暖别人的人，她自己的心也必然感到温暖。”这是斯霞老师最真实的写照，也是神州大地上，千千万万忠于党的教育事业的教师们共同的写照。

默默耕耘，把希望播种在每个孩子心里，总有一天，繁花似锦，醉人心田。学校无小事，事事是教育；教师无小节，节节皆楷模。不断更新知识技能加上真心和责任心，抓住每一个教育契机，是每一个老师应该不断去做的。

第三篇

DISANPIAN

在恒途里思考

从追思原因到思考解决之道

——读《家庭中的正面管教》有感

罗　旋

“事出一定有因吗？”我们大多数人是认为“事出一定是有因”。我们已经习惯了因果观的思维方式，认为任何事情发生一定有其原因。面对一件事情我们总是会有“为什么”“怎么会这样”“如果没有这样就不会发生了”等一系列理所当然的思考，我们常常将力气花在“分析问题”或者“探讨问题”上，这种思维在解决科学研究问题上有时是很有效果的，但是在解决孩子的心理和行为问题上不一定有作用。有时面对孩子的一些问题，我们苦思冥想花费大量的精力，依然一点头绪也寻不到，最后只能潦草收尾。

作为家长，在面对孩子的教育问题时，我们应该转变思维观念，从一开始的寻找“为什么”到一开始就去寻找“怎么办”。

一、用孩子的眼光看孩子

作为成人，我们经常会用自己的想法揣摩孩子的心思，孩子打架了，就觉得这个孩子自控力不强，有攻击性；孩子爱哭了，就觉得这个孩子不够坚强，很“小气”；孩子喜欢拿别人东西了，就觉得这个孩子行为品性有问题，爱贪小便宜。而作为老师，我们也经常用自己的想法去评价孩子的行为，强行揣测孩子的想法，学生说喜欢异性同桌，我们就觉得他是在谈恋爱了；学生说不喜欢某个学科，我们就觉得他是在讨厌学习了。这样的情况还有很多，教师们常常在教育孩子的时候习惯用自己的思维模式去度量学生的思考方式。

殊不知，我们从孩童一路长大，孩童时代的我们思想哪里有那么复杂，有时候就是单纯的一念、随意的一个行动、简单的一句话，但当我们戴着成人的眼镜去看的时候，那当然就被涂抹上成人认为的色彩啦！在与孩子沟通的时候，当我们有了先入为主的观念，我们的思想就会很片面，我们就会将自己的想法强加给孩子。当孩子发现成人并非真心想要了解他们的想法，也并非真心在关心他们，只是想强加自己的观念，孩子们就会出现抵触的心理，他们会沉默不语、无奈、不屑，甚至自暴自弃。教师对学生预设立场的想法，其实源于对学生的不信任以及过去不好的旧经验影响（比如小明曾经不爱收拾东西，喜欢乱丢东西，一旦他丢了东西我们就会觉得是他丢三落四；小红曾经拿了别人的东西，一旦有东西丢了我们就会想到会不会是小红拿的）。

预设立场会带来很大的危害，它会破坏父母和孩子的关系、师生之间的关系，会给孩子带去抹不掉的心理阴影。那怎样才能避免预设立场的事情发生呢？我们可以运用以下几点技巧。

第一，觉知自己。每当要向孩子询问事情的时候，我们可以先观察自己此刻内心的想法是什么，我的想法合理吗？孩子他是这么想的吗？比如小李平时总是爱和别人打架，这次又和别人打架了，“这次肯定是小李的过错”“我觉得可能就是小李的过错”“会不会不是小李的过错呢”，在我们急着要询问学生答案之前，我们可以先问问自己内心的想法是什么。

第二，深呼吸10秒钟。在发生事情的当下，以吐纳呼吸的方式，让自己进行深呼吸，通过调整呼吸的平稳来缓和自己的情绪，然后继续与孩子从容地对话。

第三，倾听孩子。带着较为平和的心情敞开自己的心扉，打开耳朵，先不说话，学习认真倾听孩子的想法，站在孩子的立场去思考。

第四，信任支持孩子。试着让孩子说出他对事情的认识，他想要如何解决自己的问题，协助孩子整理其中的利弊得失。在解决孩子问题的过程中，教师、家长应当做一个支持者、协助者，帮助孩子去解决自身的问题。

二、用科学的理念帮助孩子

心理学家发现，虽然有些事情会给我们带来困扰，但因为思维惯性，也很容易让我们得过且过。以焦点解决取向的思维方式来看，如果现在使用的方法有效，就继续用；如果现在使用的方法无效，就再试试不同的方法。有些家长总是使用无效的方法来处理孩子的问题，日复一日，直到亲子关系破坏或是事情发展到难以收拾的地步，才发现不对劲。有些教师也是常常使用无效的方法处理学生的问题，而且还一边使用一边责怪孩子和家长，最后导致问题没有解决，反倒是让孩子“坏习”难除，与学生、家长形不成良好的人际关系。

在面对孩子的问题时，我们要遵循三条重要的原则：一是如果现在做的事情对解决孩子的问题没有用，就不要固执在这件事上，放弃现在做的事情；二是如果现在做的这件事情没有用，我们就做点别的事情，重新找一件事情来帮助孩子解决问题；三是如果现在做的事情对解决孩子的问题有用，那么我们就多做一点，继续做这件事情来帮助孩子，直到解决问题。

理念决定思维，思维决定行动，作为一名新时代的教师，我们应该持有先进而科学的教育理念，时刻学习，跟上时代的步伐，不断更新自己的教育观念。教师是人类灵魂的工程师，应该具有丰富而多彩的思想，应该热爱学习、勤于反思。

世事洞明皆学问，人情练达即文章

——致敬《亲爱的孔子老师》

汪　璐

春去秋来，四季更迭；风雨几度，虔诚几许。一本书，一缕暖阳，在那个午后，我开始捧读吴甘霖的著作——《亲爱的孔子老师》，拿起书便不舍得放下，一直读到深夜。寂寥的夜，恍若在梦里，一颗心就那样悠荡在孔子的世界里，来来回回，进进出出，一次次被感动，一次次被震撼，一次次满载收获而归……

我初听书名，以为这本书是和教育、教学有关；初看两章，略感讲的是管理、为人处事。午夜钟声响起，我合上书，闭眼的一刹那，“世事洞明皆学问，人情练达即文章”这句话在脑中显现。

带着这句话，我开始回想和孔子有关的一些知识，原本对他的敬仰仅在于教育理论，而如今，他不仅教我如何为师，更告诉我怎样做人，感谢孔子，在这岁月的褶皱里，他用智慧的灵光滋养了我苍白的心灵。

一、各尽其职，身教胜于言教

书中说“君君臣臣，父父子子”，意思是：“国君、臣子、父母、子女，各自要尽到各自的责任，各自要有各自的样子，要遵守各自的道德行为规范，这样，国才像国，家才像家。”“不管是在一个单位还是在一个家庭里，最容易发生的问题之一，就是有人不尽自己的本分和义务，扮演不好自己的角色，还对他人有过分的要求。这样一来，最容易造成与他人的矛盾，甚至造成单位的瓦解与家庭的破裂。”是啊，不论我们身在何处，每个人都尽职尽责，做到最好，那么我们这个集体一定会是优秀的了，反之亦然。

二、知识重要，智慧更是重要

本书通过对“博学、笃行、慎思、明辨”的详细讲述，告诉我们勤学苦学固然重要，但是掌握学习的方法更是重要。高效学习的四大要点就是：博学、笃行、慎思、明辨。博学就是学习涉猎面要广，知识面要宽，并且能够融会贯通；笃行就是学习态度认真、踏实实践，做到知行合一；慎思就是慎重、缜密地思考，学会透过现象看本质；明辨就是要将那些看起来似是而非的东西分析清楚。正如书中所说：“知识是死的，智慧是活的。智慧对知识的价值，就是能够对知识活学活用。”孔子也强调：该柔时柔，该刚时刚，这才是活的智慧！凡事都是因时制宜、因地制宜、因人制宜，智慧也许就体现在些微差异之中。君子不器，智慧如水，在变通中成长，在变通中进步。人要在掌握知识的基础上，学会灵活运用，这才是智慧的体现。

三、感悟死亡，营造诗意人生

“人生就像一茬麦子，只有一次。来时，我们没有被征求意见，去时，同样也不会得到通知。我们唯一能够把握的，就是中间这短短的一段。”那我们应该怎样把握这一段呢？孔子说，琴棋书画固然是情趣，但随时随地发现和享受生活中的美，才更是有情趣的表现啊。我们有十足的理由让生命变得诗意起来。

许多人在纷繁的世间，一生忙忙碌碌，错过了多少轻歌曼妙的风景。生命是有限的，让我们好好把握生命中的每个阶段，做好自己应该做的事情，同时不要忘记用智慧的双眼，发现并享受生活中的那份美丽！

这样一位圣人，他能够让有限的生命无限地延伸，他一生命运漂泊，却依旧保持着一颗安然的心。“仁者不忧，君子坦荡荡”，我庆幸与《亲爱的孔子老师》不期而遇。它让我轻松触摸到历史的真实温度，让我懂得简单变化中的快乐和坦然。夏花的清香，会把思念填满，孔子的那些经典话语也将如皎月般澄澈，让世人在这如水亮般的光芒里，荡涤那被浮尘掩埋的心。秋水之上，所有的风景都成为永恒，唯有他，这位圣人，让我心向往之……

褪去教书的匠气，平添成长的勇气

——读《不做教书匠》有感

龙　琴

有幸，成为周晓玲名师工作室的一员；有幸，经周蛲玲老师推荐，与《不做教书匠》这本书结缘；有幸，在品读中感悟自己的教育人生。书中，富有哲理的语言，鲜活灵动的小故事，亲切的话语，“宛如一波波涟漪，荡涤明澈着我混沌的心灵；又像一声声响鼓，催动着我犹豫乃至一度停息的脚步；如同一级级台阶，引领着我步入教育人生的精神顶峰”。从烦恼到平静，从迷茫到顿悟，从润物细无声到热血澎湃，到跃跃欲试。如同尘封阴暗许久的屋子，打开了一扇天窗，温暖的阳光照进了我的心房！

一、年龄不是隘口

曾经我很努力，教学成绩名列前茅，经验论文屡屡获奖。然而，虚度四十年华，碌碌无为，献课赛课鲜有成绩，我迷失在倦怠里。“年轻的老教师”这个词冠在我头上恰如其分，平淡却又真实。“行动永远不晚。”管老师的话唤醒了我心灵深处的教育激情，是啊，只要有行动，现在就是四十岁又何妨？“有一个晚的开始比不开始要强上无数倍”。

泰戈尔说：“人是初生的孩子，他的力量就是生长的力量。”年龄不是隘口，拿出鹰的勇气，摒弃习惯的力量，把懒散的瓷片摔打个粉碎，把落寞的羽毛一根根拔掉，把颓丧的借口一个个无情地揭穿，像鹰一样勇敢地向自己开刀！

不管怎样，我们依然年轻，依然有着生命中最旺盛的火焰！

二、教育是朵带笑的花

“我们对学生微笑，生活就对学生微笑，学生也就微笑着面对生活。”管校长说：“每天向学生露出几次真诚的微笑，你会发现，课还是这么上，作业还是这么批改，但是，教育效益却提高了。”

不是锤的敲打，而是水的轻歌曼舞，让鹅卵石臻于完美。一个微笑，花费很少，价值却很高——教师的微笑，融化了孩子心中的胆怯，拘谨化作自信；教师的微笑，激活了课堂氛围，沉闷化作生机；教师的微笑，点燃了孩子学习的热情，散漫化作积极。

教育是朵带笑的花，送上微笑，收获的是满满的幸福！

三、教育，有价值的幸福

教育因持守而美丽，生命因持守而永恒。“当所有的教师都对教育服以足够尊严的时候，当所有的教师都把它当作生命一样神圣守候的时候，别人就不能不对它肃然起敬，仰视三分。”

既然选择了教师职业，我们就应该热爱它。试想，有哪个行业能像教师这样幸福，有这么多天真无邪、活泼可爱的孩子做伴呢？魏书生老师说过：教师的工作除了工资回报，另有三重收获，即“收获各类人才”“收获真挚情感”和“收获创造性的劳动成果”。投入其中，你就会感受到这份工作的意义和乐趣；延伸爱的真谛，你就会聆听到爱的回声。正像你投入初恋时，会觉得恋人是多么可爱，连那些缺点，也一并被你所疼，被你所爱。是的，当我们真正地钻下去时，就会越来越迷恋教育的好，教育的美。

“我时常觉得，今生与学生纯洁相处是主要的生活方式，是一种幸运。和学生在一起，可以完全放下虚假的面具。和学生交往，是一件惬意的事，更是一个永远美丽的童话，因为有一天你赢得了孩子的心，那心是纯金的，无任何杂质。”《不做教书匠》让我逐渐褪去教书的匠气，平添成长的勇气。从麻木到享受，从迷茫到快乐，从犹豫到坚定，毅然跨出一度踯躅的脚步，保持一种快乐的心态，守住一片心灵的静谧，在师爱的真谛中延伸生命，在无悔的付出中聆听爱的回声……

“谦虚”是说假话吗？

——读《正面管教》有感

唐春香

“谦虚”就是说假话吗？我一直没有认真想过这个问题。这几天这个问题却深深地困扰着我。事情还得从上个星期说起。记得那天晚上我下班回家，儿子一本正经地问我：“妈妈，什么是谦虚呀，谦虚就是说假话吗？”我随口回答：“当然不是！”“那谦虚是什么呢？”我愣住了半秒，谦虚到底是什么？我竟一时难以找到合适的语言去描述它。

不过我也有些奇怪，为什么孩子会问这个问题呢？孩子奶奶告诉我：原来下午孩子上完篮球培训班，孩子奶奶让他去给教练说“教练辛苦了”，教练就随口回了一句“不辛苦”。儿子特别疑惑地回来问奶奶：教练说不辛苦呀，他是在说假话吗？奶奶回答：不是，教练是谦虚。于是儿子产生了疑问：谦虚是说假话吗？

我作为一名资深的语文老师、教育学研究生，发现竟然没办法解释什么是谦虚。明明做得很好，却不敢肯定自己，承认自己似乎成了一种耻辱。我不由得想起了平时我夸奖儿子的时候，他都会害羞地说“不好意思”，或者是低下头不知道怎么回应。是呀，我告诉过他，做错了要说“对不起”，接受别人帮助学会说“谢谢”，麻烦别人说“抱歉”，和人打招呼说“你好”……唯独没教过接受夸奖的时候怎么办。我们似乎习惯于自己的“不好”，以至于不敢承认自己的“好”。美国心理学家尼尔森在《正面管教》

中指出当人们感觉更好时才会做得更好，但是细想之下，我们的教育往往让孩子们感觉不太好。

在教学中，我们习惯于去帮助考了98分的孩子寻找丢失的2分，我们本来是为了孩子做得更好，但是实际上却在暗示孩子考98分还不够好；开班会我们总喜欢分析近段时间班级存在的问题，本来是为了让班级更和谐友爱，但在无形之中仿佛是告诉孩子表现得很不好；我们往往只有在孩子“出问题”的时候，才习惯于找家长或者和学生谈话……似乎我们的“谦虚”文化在某种意义上助长了“批评文化”的氛围。于是我们习惯于接受教育和指点而不习惯于接受赞美与表扬，越是真诚的表扬和赞美越让我们手足无措。

如果一个孩子由于丧失信心而做出不良的行为，那么当他受到鼓励和激励的时候，不良行为就会消失。我想从这个角度来看，也许教育真正应该教给孩子的是一种“鼓励”的方法，当我们努力鼓励别人和我们自己时，我们实际上是在帮助培养彼此面对人生挑战和困难的勇气。

没有爱就没有教育

——读《陶行知教育名篇》有感

欧永红

假期里我有幸拜读了《陶行知教育名篇》，感受颇多。

读完这本书后，我感受最深的就是其中的这句：“没有爱，就没有教育。”苏联教育家马可连柯这句话道出了陶行知教育的真谛。我们都知道爱是欢乐的源泉，能很好地感染所有人。如果老师用全心全意的爱去滋润孩子，孩子也会用他们独特的爱给予回报。

陶行知先生以其独到的眼光、博大的胸怀，用心做教育，倡导并实践了爱的教育，他用实际行动给我们展示了什么是爱教育、爱学校、爱学生，称学生和学校为“爱人”，给我很大的启迪。他用独特的理念告诉我们，首先，作为教师，我们要爱教育，如果你对自己的事业都不喜欢，如何去关爱你教育的主体；其次，敢于去“爱”，只有在爱的过程中，才会相知、相识，才会有爱的激情，教育才能实现博爱、大爱。

与此同时，陶行知先生提出“教学合一”，他认为，在教学过程中，教师的责任不在于教，而在于教学生学。教师如果只教，这是把学生当作容器，学生只能被动地接受知识，调动不起学生学的积极性，自然也不能启发学生的独立思考；教师只有教学生学，教给学生学习方法和“钥匙”，启发他们的思维，培养他们的自学能力，才能探知知识的本源，寻求知识的归宿。教师在教学过程中不能主观地拿学生来模仿、拼凑他的教法，搭配他的教材，而应该主动地去了解学生，知晓他们的兴趣和爱好，改进自己的教学方法，因材施教。因学生的个体差异不同，接受能力各异，教学方法肯定也不能强求一律，“教的法子必须根据学的法子”。教师要一面教，一面学，不断提高自己；只有自己水平提高了，才能教好学生。这是他主张教学合一的理由。

知识是无限的，学生不掌握科学的学习方法，没有自主探索新知的本领，就不能适应未来的生活。教学生学，就是教学生自己会学。也就是说：授之以鱼，不如授之以渔。因此，我们现在提倡素质教育，培养学生的创新意识和创造能力，正是陶行知先生所说的创造的教育。学生要创造，就要学会在灵活用脑的同时，懂得用手去实验，到活动中去体验，在活动中去寻找知识，手脑并用才能学会创造。教师的教育就是要引导学生手脑并用，把知识转化为技能，使学生的素质全面发展，成为具有创新精神和创造能力的有用人才。

很多人深知艺术来源于生活，又高于生活。我们学习知识的目的是用我们学到的知识去丰富、指导我们的生活。陶行知先生特别重视生活教育的作用，他把生活教育当作改造中国教育、社会的唯一出路。在他看来，有了生活教育就能打破“死读书、读死书、读书死”的传统旧教育；有了生活教育，就能随手抓来都是学问，都是本领；接受了生活教育就能增加自己的知识，增加自己的力量，增强自己的信仰。陶行知把生活教育当作衡量教育、学校、书本甚至一切的标准。他说：没有生活作中心的教育是死教育，没有生活作中心的学校是死学校，没有生活作中心的书本是死书本。这一点对于我们现在新课程理念下的教师同样具有指导意义。为此学校还特别开展了每周一次的劳动实践课，以及提倡每天在家做自己力所能及的家务事和自己的事自己做等一系列的活动，更好地落实了陶行知提出的“生活的教育”。

书中认为：教育的目的是为了学生的发展，如果不能做到乐学，学生对上课缺乏兴趣，学习就会变得很被动，教师固然能用强硬的手段甚至用填鸭式的方法逼学生学，但这样只会造成学生厌学，对掌握知识，提高成绩没有任何帮助。同时教师自己也会不快乐，整天为了学生而苦恼，脸上总是紧绷的，没有了亲切的笑容，或许回到家，还会将这种不愉快转移到家人身上。但是如果教师稍微改变教学的方法，能够从学生的角度出发，用学生能够接受的方法，联系生活实际，而不是单纯地使用枯燥的文字来教学，这样就能激起学生的兴趣。另外，尊重每一个学生，教学分层次，便适应了班级不同学生的需求，不至于顾此失彼，有利于全班学生的发展。学生学得快乐，教学教得也轻松，教学不再是教师一个人的独角戏，也不是以往填鸭式的教育，而是师生互动的过程，其乐无穷、意义深远。

一个假期的学习充电让我受益匪浅，我将牢记陶行知先生的教诲，不断更新教育观念，不断地学习，落实活到老，学到老，努力做学生的良师益友，为学生的身心健康全面发展而努力。

和善而坚定

——读《正面管教》有感

赵珍艺

时光在书香中飘逝，从寒风呼啸的冬日，到阳光明媚的春天，《正面管教》这本书陪伴了我整个假期。

作为父母和教师，我们心中一直都有一把无形的尺子，一套既定的标准，用来衡量孩子的言谈举止是否得体，待人接物是否恰当，学习成绩是否优异，当然后者是现阶段大部分的父母和教师更加关注的。但是在管教孩子的过程中，我们常常会遇到种种问题，带着疑惑与求知，我利用假期拜读了这部被称为管教孩子的“黄金准则”的作品。

“孩子只有在一种和善而坚定的气氛中，才能培养出自律、责任感、合作以及自己解决问题的能力，才能学会使他们受益终生的社会技能和人生技能，才能取得良好的学业成绩。”这是读完这本书后，让我印象颇为深刻的一句话。我们在管教孩子时，常常存在两种极端，要么严厉，要么娇纵；前者是过度控制，给孩子制定了各种规矩，父母让孩子怎么做，他们就得怎么做，孩子没有选择的权利；后者则给予了孩子过分的自由，孩子想怎么做，就怎么做。当父母和老师太严格或者控制过多时，孩子培养不出责任感；当父母和老师对孩子太娇纵时，孩子也培养不出责任感。

在传授孩子知识的同时，其实也是在和孩子的父母打交道。常常听见班上孩子的父母说这样一句话：“赵老师，我们平时工作特别忙，没有多少时间来管教孩子，孩子在家也不听我们的，喜欢和我们唱反调，他就只听你的，麻烦你在学校多多批评教育他，多多关照他。”班上的J和其父母就是这样典型的例子。

J是一个行为习惯特别差的孩子。从一年级开始，经常没有缘由的欺负同学，有时突然用拳头砸同学的肩膀或者后背，有时会朝同学吐口水，上课的时候，还会突然站起来，随意在教室里走动。最开始的时候，我还特别耐心地和他交流谈心，时常和他的父母保持沟通，谈谈孩子在校和在家的情况，在我和他父母共同的帮助下，他短时间内能够一定程度上控制自己的行为，但是几天过后，又故态复萌了。慢慢地，我自己失去了耐心，他的父母也失去了耐心，当J再次犯错时，我开始极其严厉地批评他，大声地斥责他，他的父母也会严厉地惩罚他，导致他对自己越来越缺乏信心，行为表现更差，从而导致他的学习状态也变得更差。

当我们就关于如何教育峻峻这一主题陷入僵局时，我在这本“黄金准则”中寻找到了解决办法。原来，我们一直持有错误的观念——“要想孩子表现优秀，就要让孩子感到最差”“只有严厉才能让孩子成长得更加优秀”。受传统文化的影响，我们一直对待J过于严厉，喜欢用成年人的标准去要求他，并且常常因为J的教育问题发生争执，在这样的教育方式下，孩子变得越来越沉默，变得不爱和父母、老师交流。当然，我也在反思，和J的相处之中，我发现他其实是一个非常聪明的孩子，但是他内心有一套自己的判断标准，当同学不小心踩到他的脚时，他会认为同学故意欺负他，孩子之间的“战争”便爆发了。在翻阅这本书之后，我便开始尝试和J进行有效的沟通，我会和他一起制定我们要共同遵守的规则，比如在一周之内学会系红领巾，上课保持良好的听课习惯，和同学友好相处等。渐渐地，J的行为习惯和学习习惯发生了翻天覆地的变化，上课爱积极举手发言了，虽然和同学仍然有矛盾产生，但是发生的频率降低了，同学们告状的次数也少了，一切都朝好的方向发展。

喜欢和老师作对，或者是常常有怪异行为举止的孩子，往往是渴求同辈或者老师关注的孩子，缺乏理解和关爱的孩子。针对这一类孩子，我们应该在尊重孩子的前提下，以和善而坚定的方式，正面管教孩子，赢得孩子的尊重和理解。

谈课程视域作业观下小学英语教师专业素养的提升

——读《重构作业》后的感想

黄　红

这是个忙碌的假期，从教学评一致性的大单元教学设计，到我读的书《重构作业》，都体现了我们在“双减”政策下，为改变教学方式和作业设计而做的努力。

我从《重构作业》这本书的“国内外作业的内涵与价值”中了解到了我们国内将作业定位于服务课堂教学，将作业作为课堂教学的一种补充和延伸手段；从“作业思想的历史发展脉络”中学到了什么是“作业即游戏活动”“作业即教学巩固”“作业即学习活动”“作业即评价任务”，更是知道了现在作业思想发展的趋势；从“作业文本分析与作业现状”中了解到了我校英语作业的现状，那就是我们经常用统一的标准和要求评价个性不同的学生，把统一的资料以及设计质量较差的作业投放给学习能力不同的学生；从“课程视域作业观”中学到了要聚焦于学生学习本身，强调科学的研究范式，我们要像课程专家一样系统思考作业目标、作业内容、作业布置、作业批改、作业分析、作业讲评以及反思改进等各个环节的关联性等；从“课程视域下单元作业设计与实施策略”中学到了小学英语作业设计要想转变，就应该先从教师的专业水平开始，因为这也折射了教师对于英语这门学科的课程、教学和评价整体把握的水平。

现在学校英语教师有17名，最近几年双流区和学校举办了各级各类的培训和教研，给教师们提供了很多提升专业素养的平台。教师们都热爱教育事业，热爱学生，潜心专研教育教学任务，善于接受并能较好地理解和运用新的课程教学理念。为了落实“双减”政策，上学期学校组织了论文培训、撰写论文比赛，双流区国际理解教育组织安排了大单元背景下作业设计的培训，期末双流区还组织了课程纲要的读后感撰写，以及表现性评价设计和大单元教学评一致性的教学设计方面的培训……这些培训就是为了让教师们提高专业素养，提升自己分析教材的能力。设计大单元学历案，重点就是要让教师们学会如何布置作业。可是，大部分英语教师不是很了解这方面的内容，对这方面的理论及实践不熟悉。

教师的专业素养包含很多内容，对于知识的理解和掌握，对于教学方法的运用，对于新课标的解读等都属于专业素养的范畴。对于小学的英语教师而言，要从多个角度着手，充实与完善自我，为全面提升学生的英语综合素养，帮助学生真正成长为社会所需的合格人才奠定坚实的基础。

一、与时俱进的专业素养

社会在进步，时代在发展，教育是一个动态的发展过程，我们现在既要了解什么是“双减”政策，更要了解“双减”背景下小学英语教师该如何设计大单元学历案。读完《重构作业》后，我深深感觉到我们应组织教师们学习课程视域观，学习如何实现课程视域观下单元作业设计策略的可视化。课程视域作业观强调整体地思考作业的目标、内容、形式、难度、时间等结构性问题，强调要根据实际情况进行自主设计、灵活调整和适当的个性化，强调教师具备在自己的专业范围内做出正确的决定的能力，强调通过作业结果来反思和完善目标和内容，从而让作业有助于促进学生的个性化学习与发展。书的最后一章告诉了我们应该怎样在课程视域作业观的引导下，形成小学英语学科的单元设计策略的可视化。这些要我们从理论到实践都有一定的了解。

二、学科知识的专业素养

学科知识的专业素养包含诸多内容，这与学生的发展有着很强关系。新课程改革背景下学生的思维更加活跃，他们渴望得到肯定，希望得到认可。因此，教师必须具备扎实的专业素养，这样才能够成为学生学习路上的良师益友，才能够更好展开英语教育教学活动。

首先是扎实的英语语言素养，教师要能够熟练进行英语的拼读教学，能够熟练展开对教材中相关词汇和词语含义及用法的解释，并拥有相关文化背景方面的知识储备。其次是了解和掌握教育学和心理学相关知识。针对小学生身心发展特点，如何因材施教，如何有针对性展开教育教学活动至关重要。最后是具备计算机知识，能够熟练完成PPT的制作和演示，能够充分依托多媒体展开教学等。

三、英语课堂教育教学的专业素养

第一，我们应该具有分析教材并根据学生实际情况制定合适的教学目标的素养。一般来说，小学英语教学的主要目的就是激发学生学习英语的兴趣，培养他们学习英语的积极态度，使他们初步建立学习英语的自信心；培养学生具备一定的语感，良好的语音、语调、书写基础，以及良好的学习习惯，使他们初步具备用英语进行简单的日常交流的能力；同时培养学生的观察、记忆、思维、想象和创造能力；适当地介绍中西方文化，培养学生爱国主义精神，增强世界意识，为学生的进一步学习奠定良好的基础。我们就应该把上面的目标具体化，用新课程改革的教学“三维目标”来表述。

第二，我们要有给学生创设良好学习条件的知识素养。良好的学习条件是实现教学目标的保障，是学习成败的关键。学习条件的创设是我们作为教师的重要职责，是教师教学能力的重要体现。因此，我们要学会如何选择和科学地处理学习资源，还要充分准备好相关课堂的学习材料，并选择恰当的教学手段。

第三，我们要有效地进行课堂学习活动的指导和调控，例如，为每个学生提供平等的参与机会，对学生活动进行有效的针对性指导，根据学习方式创设恰当的问题情境，及时采用积极多样的评价方式等。同时教师还要有能够灵活驾驭课堂的能力，能够做好课堂教育教学活动的科学组织，能够合理分配有限的教学时间，能够随机应变处理课堂上的一些突发事件等。

教师不仅要了解和掌握扎实的专业理论知识，而且要将其转化为有力的实践技能；教学不仅要完成知识的传递和技能的传授，而且要通过情感的沟通和交流，让学生喜欢学习，爱上英语，能够在一种轻松、愉快、融洽的课堂氛围中展开探究等。

四、科学地组织紧张、有序、主动的学习活动

教师要想实现知识和技能的顺利传递，就要依托学生的学习活动。教师应该重视语言环境的创设，以学生为中心，更多地考虑学生的需求和学习的障碍，“以学定教”，力求让每一个学生都能主动积极地学习和运用语言，让学生在课堂学习中多一些交流，多一些交往，通过听、说、读、写等具体的活动去获得知识，培养交际能力。课堂的教育教学是组织和引导学生进行有效学习的过程，是一个师生互动、生生互动，实现具体发展目标的过程。

总而言之，在英语教学中，学生的英语学习能力以及英语学习水平都与英语教师有着千丝万缕的联系，只有不断提高英语教师的专业素养，才能加强学生的英语学习水平。教师要定期展开对于英语教师的培训，可以通过“走出去”或者“引进来”的途径，针对教师日常教学中的一些常见困境做好答疑解惑。教师只有不断加强学习，充实自我，完善自我，才能全面实现自身专业素养的提升。不断反思，通过反思发现问题，有针对性地去解决，才能实现自我的发展。

“三重”话量感

——读《数学核心素养能力研究》有感

罗　丹

量感是一种关于现实世界中量的直觉，它需要在生活体验中建立，在发现与解决问题中强化。本文从操作活动、思维活动以及实际生活三个维度阐述了培养量感的三个策略，即：重“感”量感、重“辩”量感以及重“用”量感，从量感培养意识、量感培养载体，以及量感培养手段等多方面着手建构量感培养教学策略。

一、量感的含义及其现状

何为量感，在百度百科的解释为视觉或触觉对各种物体的规模、程度、速度等方面的感觉，对于物体的大小、多少、长短、粗细、方圆、厚薄、轻重、快慢、松紧等量态的感性认识。借助明暗、色彩、线条等造型因素，表达出物体的轻重、厚薄、大小、多少等感觉。在此次义务教育课程标准修订前，量感极少作为专有名词出现在小学数学课堂以及小学数学教师的研究范畴，因为这部分内容常常和数感混淆，甚至直接被作为了数感的一部分，所以极少提到。数是对数量的抽象，而数量则是度量的结果，因而数感和量感有本质上的区别，也应当以相同重视程度和不同策略进行培养。

二、量感培养的“三重”教学策略

（一）操作活动中，重“感”量感

史宁中教授在第十九届全国新世纪小学数学课程与教学系列研讨会上提到，量感和数感有一个重要的区别就是度量的发展。量感本身来源于度量过程中积累的操作活动经验，因而操作活动是学生发展量感的载体。例如，在北师版小学数学二年级上册《教室有多长》教材设置了三个问题串：“怎样量教室的长度？”“小组合作，选择一种测量工具量一量、填一填”“量的过程中需要注意什么？”

这组问题串实际上是引领学生不断地通过选择方法、选择工具、经历操作过程，在具体的活动中感受测量的最初形式，同时在测量的过程中借助身边的物体对教室的长度进行表征，在操作中积累长度的形象经验。在本单元教学过程中，教师通过引导学生在操作过程中感受测量的产生和发展的历史，确保学生能够在丰富的测量活动中感受度量，感悟测量的本质、标准长度的含义以及理解测量结果的具体意义，进而帮助学生在一次次度量活动中增加度量的活动经验、增强对量感的感悟。

史宁中教授还提到量感的表征是单位。学生的操作活动不仅仅局限于增强“度量”活动经验，同时还通过大量的测量活动经验帮助学生建立清晰且丰富的度量单位的表象。例如，北师大版小学数学二年级上册《课桌有多长》和《一米有多长》两课，是学生第一次接触长度单位。我们都知道量感的两要素：量的区分和量的判断。在量的判断中，量的单位是最基础也是最关键的一环，而学生对“厘米和米”这两个最基本的长度单位的认识是需要显性材料的支撑以及操作经验的累积。因而本课会涉及大量测量的环节以帮助学生在具体的操作活动中建立清晰的表象，反之这些丰富且清晰的表象就是学生感悟量感最终的一环，学生能够在做中思、思中悟、悟中成。

（二）思维活动中，重“辨”量感

前面提到量感的两要素：量的区分和量的判断。量的区分最主要的策略就是为学生提供“辨”量的机会、抓住学生及时“辨”量的时机。在教学过程中侧重在两个环节为学生提供这样的机会。

首先是概念的辨析，概念的混淆是学生量感建立过程中的阻碍之一。比如史宁中教授提到的几何的本质实质上是两点之间的距离。无论是长度、面积还是体积，透过现象看本质，实质上还是和两点间的距离有关。而对于学生来说把握这些抽象概念的共性前要能够准确分别不同概念间的具体含义。例如，教学中周长和面积是学生容易混淆的两个基本概念。在教学过程中教师会创造条件引导学生寻找面积和周长的相同点和不同点，同时刻意设置易混淆的题目，为学生设置思维障碍，帮助学生在寻求异同的过程中迈过思维的障碍点，以期帮助学生“辨明”概念，“辨透”量感的外形。

其次是估测活动中的逻辑分析。通过阅读大量文献可以发现，众多学者已经通过大量实验、测验，以及课例研究不断证明估计和数感之间千丝万缕的联系，和数感有着密不可分关系的量感同样可以与估计擦出不一样的火花。估计中有一个不能忽视的部分就是估测，估测是学生借助头脑中关于标准单位的表象进行的思维测量。简言之，增加学生的估测机会、增强学生的估测能力是发展学生量感的有效途径。例如，在教学《教室有多长》时，往往会增加估测和对比的环节：“请你借助一个物体估一估教室有几个它那么长？”“请你用刚才选择的工具量一量，想一想和你估计的长度一样吗？”通过这样闭环的思考过程，帮助学生搭建估测和具体长度之间的桥梁，这个桥梁的搭建过程就是量感不断形成和完善的过程，在估测中不断调整、在对比分析中不断组建量感。

（三）实际生活中，重“用”量感

量感是一种关于现实世界中量的直觉，它需要在生活体验中建立，在发现与解决问题中强化。量感的形成和使用最适合的场景终究是实际生活，因而教学过程中，教师应当尽可能地给予学生“用”量感的机会，以及帮助学生建立“用”量感的意识。在教学过程中应当适当增加学生“估测”“使用度量单位”“分辨概念”的机会，尽力将综合实践活动和“量感培养”有机结合，由刻意创造机会使用量感，引导学生逐步转化为“主动”运用量感解决生活问题，体会量感的有效性。

结语

数学教学活动有三大目标，教会学生能用数学的眼光观察世界、会用数学的思维思考世界、会用数学的语言表达世界。量感是学生用数学眼光观察现实世界的结果，量感是学生用数学思维思考现实世界的手段，而量感的数量表达是学生用数学语言表达现实世界的具体表现，因而量感培养不可忽视，也任重而道远。

一次思想光芒的教育巡礼

——读《中国著名特级教师教学思想录》有感

王培亚

我作为一名一线教师，再一次阅读了《中国著名特级教师教学思想录》，对书中特级教师的名字并不陌生，那么，就再作一次思想光芒的教育巡礼：那拥抱“我即语文”的梦想，将一生的自我期许与追求践行到底的陈日亮老师；那在班级“语文自留地”里播种、耕耘，不时地在教育长途跋涉的旅途中“呐喊”几声，以壮行色，不断向前奔跑的程红兵老师；用语文教人的窦桂梅老师；从语文学科之美出发，走向涵盖整体教育的杨斌老师；那35年来对脑科学的成果一直关注，持久地下功夫，终于揭开儿童学习秘密，揭示了儿童情境学习具体策略并得到脑科学支撑的传奇小学语文教师——李吉林；还有那些让思想的光芒照亮教育路程的管建刚老师、华应龙老师、王木春老师、薛法根老师以及行吟在“诗意语文”路上的王崧舟老师……这些特级教师们所展示的不正是触动到我心灵的教学思想的光芒么？最触动我的就是著名儿童教育家、情境教育创始人，李吉林老师的教育思想。

一、教育之志，开创一代先声

这些特级教师前辈们，不忘教育初心，坚定教育理想。他们的教育志向简简单单，就是认认真真教学，许多人这一教就是一生。读到《小学教师李吉林的人生传奇》时，开篇第一句话就让我很感动：“李吉林，小学教师，一辈子教小学生，一直在江苏省南通师范第二附属小学执教，一教就是50多年。”往后读着书，原来李吉林老师曾多次有机会离开小学，体育局、文化局多次要把她挖走，甚至强行下调令将她调走，她都坚决地表示：不走，就当小学教师。一生献给儿童的李吉林老师，历经40余年，著述了8卷本300多万字的《李吉林教育文集》。该书是她的标志性成果，奠定了她开宗立派的学术地位。其“李吉林情境教育体系”是我国基础教育界第一个由一线教师创构的教育体系，思想、理论、实践三者兼而有之。李吉林作为那个时代的一名普通小学教师，很难设想会有什么学术成果，更谈不上能有国际影响和历史地位，但她的成就和建树颠覆了关于小学教师的传统观念，小学教师也因此有了新的内涵。如今，我身边也有着像李吉林老师这样的“大咖”，不辍地教书、读书、思考、专研和著述，这是他们对教师角色的履行。作为一名在幸福时代的年轻教师，我以前辈们为楷模，跟随着师父不停地行走、追寻和探索。我认为，即便是小学教师，也应有着自己的思想和教育主张，这样才是一名有追求、有作为、为理想而行的教师。

二、童心之星，照亮一代学生

李吉林老师说自己就是长大的儿童，永远快乐地生活在儿童的天地里。教学与研究于她而言是很自然的事，是生命的本真，其乐无穷。为了让学生在特定的情境中观察生活，李吉林老师常常去实地考察优选场景。为找到理想的秋天田野的典型场景，李吉林老师在郊外发现了一大片扁豆棚和丝瓜棚。那些色彩丰富、果实各异的瓜豆适合培养孩子的精细观察和差别性感觉。从花到果实，从小到大的果实，又易于激发孩子的想象力。观察与想象就在李吉林老师的教学设计中构成了美好的王国。“我深感，是儿童，是童心给了我智慧；我深感，爱能产生智慧，爱与智慧丰富了人生”。是啊，用儿童的眼睛去看，用儿童那样的好奇心去设计教学，用童心想出的好办法，那才是最受孩子欢迎的好办法。进入儿童的世界，进入儿童的心灵，真正唤醒儿童的潜能。

三、思想之光，影响一代又一代

79岁的李吉林终于完整构建起中国式儿童情境学习范式：择美构境、境美生情、以情启智，把情感活动与认知活动结合起来，引导儿童学、思、行、治。但回首来路，她却说自己只是勉强完成了一份答卷。这位当代教育家的品格、修养、精神，不仅给儿童以好的教育，也影响和引导着千千万万教师的成长。想走李吉林老师道路的唐颖颖老师，报考师范成为老师之后，又再次成为李吉林老师的学生，成为情境教育的开发者、传承者。特级教师施建平永远铭记着李吉林老师大口大口地喝着浓茶，一次又一次地涂抹清凉油，为她反复地修改教案；在她寒冷又饥饿的时候，为她拿来鸡蛋和火炉。情境教育的独特意蕴和李吉林老师的人格魅力，赢得了众多追随者，一批又一批的青年教师在情境教育的影响下成长、感悟。教育是薪火相传的事业，李吉林老师是火种，那么火种的热与光，一定会照亮每一个敬佩李吉林老师的教育者。有了李吉林老师，以后也会有千千万万个“李吉林老师”，影响一代又一代教育者与受教育者。

教育精神的火花在这里凝练、积淀下来，传留和感染着每一位教育者的思想、情感、观念以及理想，经常让我们流连不已。我们在这里慢慢地、缓缓地走过，就是这样一次绽放着思想光芒的教育巡礼，足以让我们的心灵充盈许多。

从“你不能”到“你为何不能”的转变

——读《正面管教》有感

鲁红艳

阅读是一个人提升自我的方法，能够补充知识、激发灵感甚至指导实践。作为一名小学语文老师，我在日常教学工作当中时常遇到难以攻克的问题，因而我有意寻找着能够应用于教育工作当中的书籍。由简·尼尔森撰写的《正面管教》这本书映入我的眼帘，简洁明了的题目和短小精悍的简介让我果断将其选作这次阅读活动的对象。我将这本书反复阅读后不自禁地反思：自己平时是否对学生说了太多“你不能”，却鲜少耐心地、智慧地对其解释“你为何不能”。

之所以会产生这样的反思，还要归结于这本书想要传达的观点。当我看到这本书的书名时，内心便对内容有了大致的猜测和设想。当时的我认为，这又是一本提倡“鼓励教育”的工具书。然而，当我拜读之后坚定地否决了之前草率的结论。这本书并不是围绕“鼓励教育”所做的泛泛之谈，而是提出了一种智慧的方法论。《正面管教》提出，作为教育者应当提倡“不娇纵、不惩罚、和善而坚定的育儿方式”。

何为“和善”，和善并不等同于软弱、顺从、溺爱，文章中的“和善”是一种尊重和信任的态度。例如，在日常工作中，许多老师为了维持课堂的纪律总是会做出一副“凶神恶煞”的样子，提高声调、反复强调纪律的重要性。这样做，学生也许会因惧怕听从一时，但震慑力的有效期一过，学生依旧我行我素。而“和善”则指导我们，对于学生的反叛、抗拒应当予以“理解和尊重”。

何为“坚定”，坚定并非等同于严厉、训诫和处罚，书中的“坚定”实则是送予教育者的箴言，是让教育者要懂得尊重自己。例如，教师也会在情绪的支配下做出错误的决定，但出于对自我形象的维护总是会在学生面前强装镇定。但学生是敏感而又好奇的，对于意外总是有着令人难以琢磨的兴趣，这时作为老师应当放下所谓的面子，大方承认失误甚至利用自己的失误来带领学生共同反思。这就是对自己的尊重、对职业的尊重，更是对能力的尊重。

阅读一本书，不仅需要记下并理解书中的观点概念，而且需要以自己为蓝本总结出适于当下的道理。我认为，在小学语文教学活动中，我有时说了太多的“你不能”，却忘记了告诉学生“你为何不能”，你可以把这当作一种无害的语言习惯，但在诵读过《正面管教》这本书后，我却无法任其继续。因为，这种“你不能”的句式，背后反映的却是不平等的交流关系。

犹记得在一堂语文课中，我邀请一位同学将《祖先的摇篮》大声且充满感情地朗读出来。班级中，一向上课积极回答的几名同学都踊跃地举起了手，我选择了平时不太爱发言的一名男孩，想要尽量照顾到所有学生。男孩有些瑟缩地站起来，用微弱不可寻的声音将文章读完了。我有些无奈，叫了另一位朗读不错的学生做了一遍示范，之后又叫起那名男孩让他再试一次。然而结果依旧不如我所愿，我指出了他在朗读时的一些错误，这里我频繁地用了“你不能”“注意这里不要”等句式。眼见男生的头越来越低，我意识到这样可能会让学生不舒服，便叫他坐下。课后，坐在办公室的我还在回想刚刚发生在课堂的一幕，越发认为自己当时的用语太过严厉，便将男生找到办公室。我先表明并非因他做错了事情而找他，缓解了紧张的气氛，而后我尝试着换一种方式对他讲述朗读的意义。

我对他说：“老师叫你朗读不是为了惩罚你，而是觉得你很适合这篇文章。朗读的目的也不是读完就好，而是要给听的人一种舒服的感觉。就像今天老师想要给你讲一个故事，你希不希望老师可以扮演好多角色，把故事讲给你呢？”

男孩点了点头，我笑着说：“所以啊，班级里的同学也都很期待你能够为大家带着感情地把故事讲出来。你可以当作你送给大家的礼物，不要觉得害怕，老师刚刚的语气太急，也要和你道歉。”

这之后，我开始有意识地在课堂上叫男孩来朗读，并在他站起来时用肯定的眼神告诉他“不要怕”。两周左右的时间，男孩已经可以自信地站在班级同学面前声情并茂地朗读一篇故事。

在看过《正面管教》这本书后，我才意识到，也许真正让这名男孩发生改变的主要因素并不是我的安慰，而是我告诉了他“朗读就像是被送出的礼物，每个送出礼物的人都希望自己的礼物最优秀”。这其实就是从侧面告诉了他，“你为什么不能平铺直叙地读完一篇故事”。

从想要得到的结果来看，无论是我之前的“你不能”“这里注意不应该”，还是后面的交流，都是希望那名男孩能够学会朗读、学会感悟文章的感情。但前面的句式，就像是上位者对下位者的指导，虽然直接到位，但却缺乏人情味。而后者则更像是身旁亲切的挚友，他会告诉你道理但却从不指挥你应该做什么。我想《正面管教》的“和善而坚定”便是在告知教育者，与学生、孩子的沟通不是“站在台阶上，挥动手中的指挥棒”，而是“微微下蹲与孩子视角齐平，畅谈心中所想”。

《正面管教》，强调的是思维的正向、态度的正向和交流的正向。我在这本书中反思了自己在教学过程中的不足，也学到了许多与学生相处交流时的方法。今后我也不会停止阅读的脚步，而会不断提升自己，在吸收知识和实践的过程中与学生共同进步。

第四篇

DISIPIAN

在行动中育化

给他一个机会

——读《慢的教育》有感

张　雪

教育是慢的艺术，然而在长时间的教学过程中，那些繁杂的琐事一点一点消磨掉了我的耐心，我的教育终于也慢不下来了，直到我读了这本《慢的教育》开始反思自己的教育方法。

开学了，第一课上所有同学都兴高采烈，他们在尽情地谈论着假期的愉快生活。我也被这样轻松愉快的气氛感染了，于是决定把这节课作为一节分享课来上，也就是让孩子们在下面组织好语言后上讲台来分享自己假期的一些趣事。

孩子们一个个都非常积极，小手都举得高高的。他们一个个在台上都讲得眉飞色舞，下面听的孩子也非常地专注，他们时而凝神细听，时而哈哈大笑，整个课堂上充满了欢乐。可是好景不长，这样的快乐被一个人打断了。

当孩子们讲得起兴时，我注意到了坐在角落里的F，他一直都把小手举得高高的，一刻也不曾放下，可见他是多么想和别的同学分享自己的快乐。当台上的孩子讲完后，我毫不犹豫地点了F的名，他飞一般地跨步来到了讲台上，可当他在讲台上站定的那一刹那，我听到了下面同学的小声议论。

“就他那傻样能讲出什么好事情来？！”“是呀，张老师到底是怎么想的，怎么会让他来讲？”“我一点也不想听他讲，他连话都说不清的！”……这样的议论打断了我的好兴致，也让F刚才那满腹的自信泄了气。

说起F，可以说在全年级都算是“小有名气”吧。倒不是因为他成绩有多好，长得有多帅，而是因为他的轻微智力残疾，常常让他做出一些、说出一些让人啼笑皆非的事和话来。他“犯傻”时做的一些事，常常让我们班的一些孩子也无辜成为别班的笑柄，这让全班同学都有些看不起他。而我也常常因为他的智力原因，在课堂上忽略了他。这一次，他公然站在了讲台上，一下子就成为“众矢之的”。

此时的他也听到了下面的议论，他呆呆地站在台上，一个字也说不出来，脸憋得通红。别的孩子一看他的“呆样儿”顿时便炸开了锅，有哈哈大笑的，有前后交头接耳的，有对F指指点点的……全然没有了刚才听别的同学分享时的认真劲儿，这让F更是手足无措。看到这些，听到这些，顿时我的内心涌起了一股说不清道不明的滋味。有对F的愧疚，有对班级的失望，更有深深的自责……

其实，是我一步步让F变成了今天这个样子。班上的学生之所以会这样对待他，这里面有很大一部分原因是因为我！我没有正确地引导学生去对待宇恒，这才造成了今天这样的局面。

此时，我示意学生安静下来，所有学生都把目光集中在我和F的身上。我想了想，认真地拉着F的手对学生说：“咱们今天来换位思考一下，如果今天站在这里的人是你，你会有什么感受？给你一分钟时间好好想一想，然后来说说。”随后陆陆续续有学生说了自己的想法，但却并不深入。我适时地说：“其实我也很对不起你，以前老师总是忽略了你。你是我们班级的一部分，不管你是好是坏都是我最宝贝的孩子。不管你平时怎样表现，但你都是我们班级的一分子。我应当做的是帮助你，平等地对待你，可是我没有做到，我向你道歉。”听了我的一番道歉，学生里面掀起了一股小小的议论，陆陆续续也有同学站起来表示了自己的歉意。最后我对所有学生说：“我们能不能给他一个机会，让他好好地来展示一下自己，也许我们可以看到不一样的F。”不出我的所料，所有的学生都坐得端端正正地准备听他讲。

虽然他还是讲得结结巴巴，甚至还有些前言不搭后语，可是比起以前来，他的进步真是不小，讲到最后所有孩子都不自觉地对他报以了最热烈的掌声。这时的F红着小脸回到了座位，可是我清楚地看到了他幸福的微笑。从这以后，F每一节课都会勇敢地举起小手回答问题，每当这时候，总有孩子会说："老师给他一个机会吧！"F和同学相处越来越融洽，也很少再"犯傻"。孩子们也学会了如何正确地看待和自己不一样的同学，并学会了帮助他们，这让我十分欣慰。

其实很多时候孩子所缺少的只是一个机会，一个展示自己的机会，一个让全体学生和教师另眼相看的机会。而教师也缺少发现这个机会的眼光，让一些孩子永远因为缺少这样的机会而让别的学生总是用异样的眼光来看待。

如果我们都有一颗善于发现的心，就像书中说的那样慢下来，细心观察、引导他们，创造更多的机会给像F这样的孩子，我想学校也不会有那样多的问题学生。每一个孩子都会通过这个机会发现别人身上的闪光点，在这样的机会里找到自信和快乐。希望教师都能给孩子一个机会！

随风潜入夜，润物细无声

——读《我的学生我的班》有感

陈雪玲

在别人的推荐下拜读了李国斌老师以自身经历写成的《我的学生我的班》，我特别感动，感动于李国斌老师的立德、立信，感动于凝聚着李老师心血的学生成长，叹服于李老师走进学生心灵的艺术。

书中“林菲的故事”“毛文的故事”“文忠的故事”“曾晶的故事”，让我们看到一个个鲜活的、朝气蓬勃的、具有鲜明个性的成长的生命，更能透过这些学生成长的生动故事去领悟教育的真谛。在李老师的身上我看到了对学生的热爱和对教育事业的专注，也想起了我与我的学生、我的班的故事。

某天我因为有事耽误了一点时间，迟了两分钟进教室，教室里乱哄哄的，这与平时安静候课的课堂纪律差别太大。我很生气，了解了原因发现是因为一个男生的捣乱影响了课堂纪律，我当众批评了他。我也只当这是一件小事，毕竟事情处理了，课堂纪律也恢复了，到了中午我也都忘了这事。然而班长的报告却让我意识到事情并不是那么简单，那个男生没吃中午饭，饭桶也归还到食堂了。看来这个男生是口服心不服，这让我意识到我工作做得不够细，考虑问题不够全面。首先，因为我个人的原因导致教学管理不及时，不能一味地去指责批评学生。其次，我批评的时机不对，没有考虑孩子的情绪。我到班上叫上了那个男生，在去往伙食团的路上，我搭着他的肩，聊聊天气，聊聊他喜欢的游戏，聊聊班上的同学，我把他当成我的朋友来交谈。他开始不说话，后来就慢慢地和我搭话了，告诉我他要好的同学是X，因为佩服他篮球打得好，有时他也喜欢跟Z，因为他们是邻居，经常一起放学上学……在轻松的氛围中，我们到了伙食团，不巧的是伙食团也没吃的了。我突然想起我办公室还有一盒方便面，我给他泡上了，他开心地吃了。这件事以后，他把我当成他的朋友，把我当成可以倾诉的对象，我也在这件事上得到一些感悟，学生的真心很容易获得，就看教师愿不愿意去获得。但往往我们在对待学生的问题上总是简单粗暴，时间一长，就容易失去学生的信任与依赖。

在拜读了李老师的书后，我再次感受到教师工作的重要性，教师走进学生心灵去实施教育是多么重要。李老师真正做到了有效的教育“浸润”，正所谓“随风潜入夜，润物细无声”。书中讲述的“又到座位调整时”“让目标牵引学生前行的路”“让书香充满心灵”“班史不仅是一段记忆”等，这一个个生动又细腻的故事呈现了班级教育管理过程中李老师认真和细致的一面。

第二次拜读是十一月份，今年我执教的是二年级，可能是当高年级班主任当惯了，面对调皮捣蛋的学生，居然有点力不从心了，于是想在《我的学生我的班》中寻找点方法。再次精读后，我发现李老师在班级管理中特别注重“常规”二字，不是墨守成规，李老师将创新融入班级管理中，“规矩”“方圆”“五对评价”“核心队伍”“只有解放学生，班主任才能最后解放自己”……从中我再次领悟到班主任老师要有自己的教育智慧和创新意识，只要用心了，就一定会有收获。我采用的李老师的管理方法加上自己的方法，努力让学生管理自己，现在我当一个“懒”老师觉得很是得心应手。

理解生命，认识人生的内涵真谛；欣赏生命，体验人生的独特意义，以生为本，发现每一个学生身上的优点，就会让每朵花炫出自己的色彩。

让爱浸润“毛毛虫”的心灵

——读《苏霍姆林斯基》有感

王　强

苏霍姆林斯基说过：“只有创造一个教育人的环境，教育才能顺利达到预期的效果。”

和平常一样，星期一早上到校的第一件事情就是进教室看看孩子们，领着孩子们晨读是一种特别的享受。在这群孩子里，有两个孩子特别让我揪心。其他孩子读着美丽的小诗，脸上流淌着春天的微笑，那微笑就是春天里的花朵。然而，这两个孩子似乎像那凋零的花，真让人揪心。

这两个孩子就是我们班乖巧的双胞胎——学生A、学生B。他们的母亲患病，父亲不堪经济重负外出务工，收入甚微。她们俩花只得随年事已高的爷爷生活。这对姐妹一天天长大，知道自己与别的孩子不一样，知道自己的妈妈与别人的妈妈不一样，残缺的心灵无以慰藉，她们总是很孤独，不与别的小朋友玩，作业不做更是家常便饭。但是这周的日记，她们却写了一点儿。我惊讶地拿起那本小小的并不精美的日记本，拿在手里，似乎不那么轻，似乎有千斤重。

当这几排歪歪斜斜的字钻进我的眼睛里的时候，我的眼睛湿润了。这么小的小手怎么能托起那么重的担子，我的心为之颤抖。在她们的世界里，妈妈是弱者，她们必须扮演勇者的角色，去保护妈妈。然而，她们毕竟是9岁的孩子！看到这里，我战战兢兢地问：“你们早上吃饭了吗？”孩子低着头，轻轻地点了点头。我也不知道说什么，似乎我想说的，她们都知道了，我轻轻地抚摸着她们的头。

她们似乎不那么排斥我了，似乎开始把我当朋友，作业完成得一天比一天好了。有时我会悄悄地把她俩叫到办公室问问她们妈妈的情况，告诉她们妈妈会好起来的！有时我会鼓励她们：认真地做每一件事，勇敢地面对生活，你就会成为别人眼中的一道风景线。

正如俄国教育家乌申斯基所说，如果教育家希望从一切方面去教育人，那么就必须从一切方面去了解人。要帮助这对双生花走出自卑的沼泽，首先要了解形成这种情况的根源，对症下药。经过多方面了解，我知道了这对姐妹自卑的根源——家庭问题。我相信：爱能温暖一切，能融化这对姐妹心中的坚冰。

首先，我找到这对姐妹的兴趣，帮她们制定适合自己的人生目标。小孩子都有一个弱点：在设置人生目标时往往空幻的想象大于现实的能力，而虚无缥缈的理想实现的可能性几乎为零，难得体验成功的喜悦，自然就有一种挫败感。久而久之，自卑是难免的。高估和低估自己的创造水平都不利于成长。“我无所不能”的人常常是一无所能，“我什么也不行”的人是自己打败自己，只有正确评价自己的人才能发挥出真正的自我价值。所以，我常常和她们聊天，了解她们的兴趣爱好，用我的人生阅历帮她们分析优势，制定人生目标，并在成长的路上助他们一臂之力。姐妹俩希望以后可以做医生，这样就能治好妈妈的病。我也鼓励她们，只要把每天的学习任务完成，一步一个脚印，踏踏实实地努力奋斗，梦想一定能实现。

其次，是积极的心理暗示。我们要努力去营造一种宽松和谐的氛围，切忌在孩子面前说“你真笨、你不会、你不行”等伤害孩子自尊心的言语，当孩子遇到困难和挫折时，要耐心引导和鼓励，使孩子备受温暖，重新鼓起信心。在班级里，不能歧视、嘲笑孩子，要使用激励性语言。例如，“这道题，你会做的，你也试试看！”“你会成功的！”“中午做清洁，你来当组长，你能领导大家把清洁做好的。”给孩子积极的心理暗示。

最后，体验成功的喜悦，为孩子创造成功的机会和条件。寻找他们的闪光点，适时激励，一旦发现他们进步的地方，就利用班会课或在课堂教学中予以及时表扬，让他们也看到自己的长处，看到教师、同学对自己的关心。例如，有一次，她们完成了课堂作业，我就在班会课上表扬她们，让她们感受成功的快乐，在班级里找到存在感。

现在，孩子们与我更加亲近了，与同学相处更融洽了，一些不好的行为习惯也有了较大的改变，残缺的心灵在师生共同的关爱中得到了抚慰。让爱浸润“毛毛虫”的心灵，孩子的脸上洋溢着春风般的笑容。我相信：这两个毛毛虫一定会实现自己的梦想！在梦想的征途上，她们会更加坚强、勇敢的！

感受孩子的感受

——读《如何说孩子才会听，怎么听孩子才肯说》有感

罗　丹

面对孩子的无理要求，你会怎样?

面对孩子的错误，你会作何反应?

面对孩子的害怕和焦虑，你又会怎样处理?

或许有无数种答案，或许面对这类问题满是焦虑，但是面对孩子，教师是否真的去感受过孩子的内心世界？是否真的了解孩子的感受?

（一）倾听代替建议

生活中面对孩子的害羞、胆怯或者错误，经常听到这样的表达——“不要紧”“没关系”“这些不难”“你不怕，你可以的”。这些其实都是教师在孩子遇到困难时给他们的鼓励。这种鼓励是教师基于事情给他们提出的建议，其实孩子面对困难无助时，最需要的是教师的理解，是感同身受。例如，一年级小朋友最常做的事是告状，其实就是寻求老师的关注。这个时候倾听比建议更好，认认真真地听孩子说完，还可以准确地说出他们的感受：“老师感觉你好像很伤心。”这个时候其实发生的那件小事已经没那么重要了，学生开心了，教师也少了很多琐事。认真倾听孩子感受，让孩子体会到被人理解，帮助他们学会理解他人。

（二）说出感受代替说出批评

批评，是教育孩子一项不可或缺的措施，批评的泛用容易让孩子手足无

措，面对原则性问题，批评必不可少。我们也可以在孩子出现问题时尝试帮助孩子准确说出他的感受，帮助孩子分析他此时的感受，和他感受背后的实际需求。如孩子经常犯错后容易撒谎，其实背后隐藏的是孩子的恐惧与害怕，面对孩子的撒谎，可以不拆穿，不批评，温柔而坚定地对孩子说："我想你一定希望这件事没有发生过，现在你一定非常害怕吧。"用这样的方式帮助孩子消除恐惧，再进一步解决问题。

在和孩子的接触过程中，我常常发现孩子明明受了委屈，表现出来的却是愤怒，不是委屈；明明是嫉妒，却表现出另一种情绪，他们其实对情绪表达是陌生的，他们无法根据自己的真实感受正确地表达，所以用准确的语言帮助孩子说出他们的感受，其实是帮助孩子学会情绪控制的第一步。情绪管理的教育重要且容易被忽略，往往大人能察觉孩子的情绪管理能力弱，却很少系统地对孩子进行教育，所以认识不同的情绪反应，是帮助孩子进行情绪管理的基础。

（三）放手代替包办

"包办"是大人解决孩子问题最常见也最不自知的问题。最典型的话语模式"你可以……""你应该……""你为什么不"……这些其实就是把大人的行为方式强加给孩子。可以邀请孩子合作，请孩子分析自己的问题，提出自己的方式，当孩子提出解决措施时，会发现很多建议是不切实际的，这时只需慎重地将孩子的想法写下来，再将所有的解决措施进行讨论。这样的方式能让孩子感觉到自己被尊重，同时帮助孩子全方面考虑问题，慎重地做出决定，让孩子真正地参与其中。

（四）赞赏伴随一生

细细想来，大多时候的赞赏犹如隔靴搔痒——"你真棒""太厉害了"……其实日常赞赏除了让他人感觉舒服外，还有带来其他感受。例如，会带来压力，会引起焦虑，还有带来否定以及让人感觉被控制。这本书为我们提供了一个流程：1.描述大人所看到的；2.描述大人的感受；3.把孩子值得赞赏的行为总结为一个词。简单地说就是大人对孩子的称赞要有迹可循，要具体到细节，要用准确的词进行表达。于此才能让孩子感受到真诚的赞赏，同时感同身受。

例如，地板很干净，床很平整，书都整齐地码在了书架上（描述大人所看见的）；走进这间屋子感觉很舒服（描述大人的感受）；“你把笔都分了类，彩笔、钢笔分别放在不同的盒子里，这叫作有条理”（大人把孩子值得赞赏的行为总结为一个词）。

赞赏的力量绝不仅仅在孩子小时候才有所体现，所以伴随一生的赞赏是大人送给孩子最好的礼物。

其实无论是倾听还是说出孩子的感受，无论是邀请孩子解决问题还是赞赏孩子，都是建立在大人对孩子的感受充分感受的基础上，所以与孩子交往，真切体会孩子的感受是顺利交往的法宝。

因生给爱，智慧教学

——读《“慧”爱学生》有感

廖佳毅

班上四十多个学生，有的活泼好动却调皮爱捣蛋，有些安静内敛却缺乏自信，每天总有突发情况，小错不断。我常常苦于如何更好更有效地引导他们。谈话、讲道理甚至批评这些方法，对于部分学生似乎效果不大，我在读完桂贤娣老师的《“慧”爱学生》后恍然大悟，我所谓的“都是为了你好”的爱或许并不是学生需要的，好像剃头师傅的挑子一头热。每个学生都是独特的，用同样的方式教育不同个性的学生，结果当然不如想象中那样美好。教师要学会恰到好处地“因生给爱”，做智慧型教师。

很多时候，教师对学生的爱来自直觉，基于自身经验，并没有考虑到孩子的真实感受和需要，个体之间的差异性决定了对他们的关爱一定要讲究方式方法。在该书中，桂老师根据不同的特点将学生分为不同种类：“顽劣生”“向师生”“过失生”“屡错生”“学困生”“体弱生”等。桂老师结合自身丰富的教学经验提出如何“因生给爱”：“体弱生”爱在关心；“过失生”爱在宽容；“屡错生”爱在启迪；“顽劣生”爱在扬长；“向师生”爱在珍惜；“背师生”爱在主动；“个性生”爱在尊重；“普通生”爱在指引；“自卑生”爱在补偿；“流动生”爱在平等……

一个个鲜活的案例跃然纸上，透露出桂老师对学生的细致、耐心和宽容，桂老师对每一个学生平等却具有个性化的爱深深地打动了我。回想我爱学生的方法，不禁反问自己：这是学生真实需要的吗？他们感受到了吗？记得刚接班时，学生A个子高高的，有些壮实，看上去憨厚老实，班上很多同学却告诉我：“他可是个调皮的小家伙，上课基本上不听，还经常影响其他同学。”刚开始两天我并没有看出任何的端倪，心想“这孩子真的是长大一岁懂事了”，心里面感到很欣慰。

可是好景不长，学生A上课时趁我不注意，对其他孩子做鬼脸，有时故意发出搞怪的声音。刚开始我会认真地告诉他这样不对，并提醒他要认真地听课。有时在多次提醒无效的情况下，我甚至生气地让他站起来，并严肃地当着全班同学进行批评教育。迫于老师的“威力”，小鹏刚开始还能稍微收敛一些，消停一会儿开始变本加厉，甚至把同学桌上的书本、文具甩到地上以引起大家的注意。这样的行为让我更加生气，苦口婆心的劝导似乎成了废话，我只能让他站着听课，与家长沟通后也没有很明显的效果。在这段时间里，每天上课都在重复着同样的情境：劝导—批评—惩罚，情况并没有得到好转，甚至恶化，有时学生A下课后还会故意欺负同学。

直到一次数学课上的操作活动中，学生A突然举手发言了，也许他认为老师已经放弃他了，听到我请他上台来带着大家一起做，显得有些吃惊。站在讲台上的学生A有些紧张害羞，但还是顺利地完成了，同学们响起了热烈的掌声。回到座位，我发现学生A脸上洋溢着自豪的神情，直到下课都没有再出现影响纪律的行为。通过这件事，我发现原来他是缺乏关注，表面上顽劣不堪的他内心深处也有美好的一面，也渴望表扬，渴望同学老师的认同。之后我经常故意制造一些机会，让学生A展示自己，渐渐地班上同学也发现了他的进步，对他也更加认可了，学生A的行为有了极大的好转。

学生犯错时，我急于纠正，忽略了不同的学生面对同一个错误，修正起来的难度是不一样的。面对屡错屡犯的孩子，束手无策时，我转而急躁地去更加严厉地批评，甚至对犯错的孩子横加指责。这样的方式只关注了问题表面，没有关注孩子的情绪，没有深究背后的原因，使得教育恰得其反。当看完这本书，才幡然醒悟，看似一心为孩子好，我自以为的爱对这些孩子来说就是一种惩罚、一种负担，甚至这份爱成了贴标签，喊口号。对待顽劣生，劝导、批评、检讨这些我所谓有效果的教育方式其实只是在重复强调他们的错误，只会让他们更加叛逆，与其揭其短不如扬其长，用欣赏的眼光看待他们，帮助他们建立变好的信心。只有对自己有良好期待的孩子，面对错误时才能认识错误进而改进。因此只有当教师发自内心地理解、尊重、信任学生，真正站在学生的角度去思索，选择正确的教育方式解决问题才能走进学生的心灵，以真情换起真情，用心照亮心灵。

苏霍姆林斯基说："每一个儿童身上都蕴含着某些尚未萌芽的素质。这些素质就像火花，要点燃它，就需要火星。"教师的爱就是火星，没有爱就没有教育，但只有寻找科学有效的教育手段——因生给爱，读懂心灵的爱才能让花儿绽放。

梦想让人与众不同

——读《第56号教室的奇迹》有感

黄　英

读一本好书，犹如品一杯清茶，细细地品味着书中的喜怒哀乐，静静欣赏着书中的良苦用心。炎炎夏日，我再次翻开《第56号教室的奇迹》，这本书我已经不知翻看了多少遍，而每一遍都能让我有新的认识。

第56号教室位于洛杉矶，这里的孩子大多来自贫困的移民家庭，他们长大后纷纷就读于哈佛、斯坦福等顶尖大学并取得不凡成就。而这奇迹的缔造者就是雷夫·艾斯奎斯老师。这位平凡的老师，这位伟大的老师，这位让人钦佩的老师，这位心灵导师，教给学生一生受用的技巧，进行人格、道德、信念的培养。他用自己的努力，用自己的梦想，把贫民窟的教室变成了快乐学习的天堂，在那里读书的孩子是幸运的，是幸福的。在那里，“人的品格得到培养，努力付出受人尊敬，谦逊得以发扬，而且大家无条件地互相支持”，雷夫老师这样的教育梦想，让一批又一批的孩子变成了“爱学习的天使”。

每次看了这本书，我的内心都十分震撼。我永远不能忘记我自己选择教师这个职业的初衷——“学为人师，行为世范”。而正是这样的初衷，让我从事教育职业十年来，依然心向阳光，坚定热爱着这份职业。雷夫老师的教育梦想也对我的影响颇深。

还记得当初刚刚接手一个新的班级，班上有一名非常“特别”的学生——L同学。L同学在班级中，学习和生活都比其他同学落后。这也导致他深深地自卑。不敢和其他同学玩，不敢回答问题，不敢和老师说话。每一次我走过他的身边，他都会把头低低埋下，这个行为深深地触动了我。树立他的自信心迫在眉睫。于是，我尝试着和他聊天，尝试着走近他的身边，我告诉他："每个人都有可能随时成为一个新的自己，虽然我们暂时落后，但是我们不忘向上，要有勇气从容地面对我们的学习和生活。"

听到这些话时，L同学的眼中噙满了泪水。看到他那闪着光彩的眼神，我知道了原来将教育梦想轻轻地放在孩子们的身上是多么神圣，多么幸福的事情。接着，我组织学生举行了一次"同伴，携手同行"的班会活动，这次活动，教学生明白了作为班集体的一分子，大家要无条件地互相支持同学。

班风形成了，班集体每一名同学都会主动帮助他人。而我也会特意地留意L同学，让他为班集体做一些力所能及的事情。渐渐地，L同学会主动打扫我们的班级公区卫生，会主动为植物浇水，会主动发放作业本……在一次语文口语交际课中，学生要谈谈自己的梦想，而罗同学说道："我希望我长大能成为一名画家。"

梦想对每个人都是公平的，在教育这条道路上，教师怀揣着美丽的梦想，把这个美丽的梦想种子播洒在孩子们的心田，用我们的教育热情呵护这粒种子生根、发芽、开花、结果。而拥有梦想的L同学变得不一样了，他努力用心地做好每一件事，在他身边支持帮助他的同伴们也散发着光彩。

每次读完《第56号教室的奇迹》都会让我不断地思考：有时候生活的磨难并不是一无是处，把磨难变成故事，把日子过成诗。不必一成不变地拘泥在固定的思维里，适时调整和变化，不断发散自己的思维，就能取得成绩，就能把生活变得耳目一新。作为教师，能够把自己种在孩子们的心上是最幸运的事情。读完书后，我在想自己能否也做个智慧的教师，给孩子们的学习带去更多快乐，让他们自觉爱上学习，在轻松愉悦的学习中为收获满足的喜悦而不懈努力。

何为幸福教育

——读《行走在教育路上》有感

张忠凤

我在几年前有幸到云顶学校学习，认识了杨坚校长。杨校长在教育路上不断摸索，历练出了自己独特的教育思想，他践行的阳光教育理念，为云顶学校的孩子们创建了阳光校园。今年暑假，再次捧读他的《行走在教育路上》这本书，让我深入地学习了书中的教育理论。一个个鲜活的案例分析，一句句朴实的话语，都展示了杨校长对教育的情怀与执着。

一、静待花开：不同的种子，有不同的花期

每个孩子如一粒粒不同的种子，开花时期可能会有所不同，有的花开得早，有的需要漫长的等待才能绽放，只要细心呵护，持续关爱，陪着他们沐浴阳光风雨，相信总会有灿烂绽放的那天。杨校长洞悉着教育的这份远度与深度，引导云顶全体教师用耐心、爱心浇灌云顶的每一朵花，云顶的学生是幸福的。我努力做这样的教师，让我所教的学生也享受这份幸福。当面对不同能力的学生时，有时只需蜻蜓点水地引导，有时需要细致反复地讲解，无论是哪一类孩子，我都会始终保持微笑，用适合的方法给孩子分析解题的思路，让他们喜欢上我，喜欢上我所教的数学学科，体会到学习的幸福感，哪怕只是杯水车薪，我都会努力去做。让他们能沐浴在我的关爱中，这是我工作中最大的幸福。

二、教育重在发现：从赏识开始，让学生成为最好的自己

每个学生因性格、家庭、环境等影响而千差万别，调皮的学生往往让教师难堪，令教师有点不喜欢。一方面他们大多上课不太听讲，下课又有点惹是生非，作业完成得也不太好；另一方面这部分学生往往又很热心、爱劳动、乐于助人，对教师也是尊敬有加。“横看成岭侧成峰，远近高低各不同”，所以看问题应该变化着角度来看。只要教师细心观察，做好有心人，总会挖掘出孩子的这些优点。从平时简单的语言、动作、表情等去赏识学生，就一定能激发孩子内心的正能量，从而让他们充满信心地去学习和生活。杨校长制定的奖励制度，根据学生的特长，奖励的种类会有所不同，覆盖面广，所有学生都有冲刺奖励的目标，学习变得更有意义。我所教的班集体也设了各种奖励，书写工整、手抄报美观、思维体操活跃、劳动认真、有礼貌、考试成绩好……学生可以从这些好的表现中得到教师奖励的小印章，累积到一定数量就能换购奖品，所有学生在学习和生活中动力充足，能开心愉悦地度过每一天的校园生活。

教育的终极目标是让教师和学生都获得幸福。我希望做一个这样的“四有”老师：可亲、可爱、可敬、可信，为每个学生提供适合其生长的土壤和条件，撒播阳光雨露，让校园成为学生一生怀念和眷恋的地方。我相信，只要教师眼中有学生，教育自然有它的温度，就一定能培养出有幸福感的阳光学生。

三尺讲台　一世情怀

——读《幸福比优秀更重要》有感

王泉泉

某个下午偶然翻开李镇西老师的书《幸福比优秀更重要》，这本书没有生硬的理论，都是与学生一起经历的真实生活，不需要一字一句研读，但需要发自内心的感悟。这次偶然的阅读，诠释了我心中的迷惘：蓝天之下，还有一群和我一样的人幸福地践行着教育梦想，我也是幸福的！

曾有一段时间，我觉得我们这个行业优秀比幸福重要，只有力争优秀，评上职称成为名师才能完成教育理想。读完这本书之后，不禁感叹，羞愧自己用最功利的心态对待自己从小最喜欢的职业。在李镇西老师的“大局观”下，我渐渐改变自己的想法：优秀是教师幸福的副产品，只要拥有一颗至纯至善且善于反省的心，再加上持之以恒的实践和总结，职业的幸福感会远远大于所取得的荣誉。喜欢《幸福比优秀更重要》里的教育故事：与孩子的交流，给孩子们的一碗面，与年轻教师的谈心，对年轻班主任的帮助……什么是最好的教育，我想你我心中已有了答案。

不禁想到自己初出茅庐的一件小事。那年我第一次带毕业班，而且是整个年级最让人头痛的班级，据说班上有一个“特别”的男生，一言不合就会用跳楼威胁老师。在接手这个班之前，好心的同事告诉了我这个男生的名字，并善意地提醒我离他远点。没想到第一节课，他就给我一个下马威，全班起立的时候，他没有站起来，嘴里叼着一支笔，吊儿郎当地坐在那里斜视着我。我一点都不急，当场宣布：“本学年英语课代表是小东。”小东就是那个男生的名字，果然他听到了，立刻站起来，有点不敢相信，结结巴巴地说：“老师，这是真的吗？我怕我做不好。”看着他和全班同学诧异的眼神，我淡淡说道：“没关系，课代表主要喊起立和收发本子，这点小事难不倒你。”

后来的事和书上写的一样，小东在一天天发生变化，有几次居然请教我在哪里能买到好一点的英语课外书。虽然毕业考试，他的成绩并不出类拔萃，但对他自身来说，已经是很大的进步。他曾问我：“老师，你为什么相信我？”我笑着回答他：“因为你是我的课代表呀，班上最优秀的孩子才能当课代表，我不相信你还能信谁？”毕业之际，他送了我一张卡片，上面只有5个字：“老师，谢谢您！”我想，幸福就是从这张卡片开始，虽没有优异的成绩，却收获了一颗感恩的心。

联系自己的经历，再回头看看李镇西老师的这本书，突然明白了幸福的定义。教育是一个漫长的过程，孩子的天赋和老师没关系，但人生的走向却和教育有直接的关系。爱的感染，善的引领，童心的保持，做人的导向，这才是一名教师最基础的航标，这才是教师这个职业最幸福的源泉。也许我没有“拿得出手”的荣誉称号和“优秀”证书，但我不再为此烦恼，因为三尺讲台上，我找到属于自己的幸福。

正如李镇西老师所言：“优秀”教师是有限的，而且往往和机遇甚至人际关系有关；但幸福的教师有千千万万，而且就在我们身边，甚至就是我们自己。三尺讲台，一世幸福。教育之路漫漫，愿你我，且珍惜，共求索。

以教育之美润泽生命

——读《第56号教室的奇迹》有感

陈俊秀

“一间教室，一位老师，一群快乐自信、拥有独立人格和思想的学生，一个共同期待美好的班级……”这大概是所有老师心中最憧憬的班级样子，而它，就出现在美国的雷夫·艾斯奎斯的一间小小的漏水的教室里。在这间教室，他创造了无限可能。每当媒体对雷夫大加赞扬，并询问第56号教室出现这些奇迹的秘诀时，他说：“我这个老师没有特别突出的创造力，于是，我决定给他们我能力范围内最宝贵的东西——时间。”第56号教室的成功是无捷径的，那是真诚的雷夫老师用心血浇筑出的奇迹。

《第56号教室的奇迹》主要讲的是雷夫·艾斯奎斯20多年教学生涯中的故事以及一些成功教学的经验。本着学习的态度，我认真地看完了书籍。整本书的感觉很朴实，故事都来自教室里，没有华丽的辞藻，对我们一线老师来说却是至宝。虽然这书里的教育背景是在美国，在教育上和知识教学上有很大差异，但我也从这位真诚的雷夫老师身上学到不少。他用热情的教育态度，把教室变成了温馨的家，把孩子们变成了主动学习的天使。这本书让我感受到了一线教师的初心、热情、耐心、信任、责任.....

一、用真诚换真心

读完书的第一感觉：雷夫是真的爱教育。不管是在教学上，还是在处理学生问题上，处处都能感受到他的真诚与用心。在他的教室里，大部分学生来自母语不是英语的贫民社区，自身素质也参差不齐，秩序混乱成为常态。即便如此，雷夫依然没有放弃对孩子们的教育。他将“天堂”的艺术、文学、数学等通通搬到“丛林”，根据孩子现有的情况重新设计课程。

雷夫认为：一名教师的使命就是让你的学生从你的教室里学到什么或带走什么。他不断探索，从了解孩子的真正需求出发，发现孩子都渴望美好与快乐的秘密。于是，他延长工作时间，带孩子们去体验课本知识以外的世界，从而激发出孩子学习的激情。在雷夫的班里，每个人自信满满，但绝不得意扬扬，整个班的学生都具有一种坚毅沉稳的气质。这样的学生与班风，难道不正是我们所追求的吗?

我初次接手一个班级，孩子们与我保持距离。为了拉近距离，了解孩子的想法，我便根据我观察到的每个人的学习点滴，给每个人写了一封信。孩子们收到信都大为吃惊，他们从没有收到过老师的信。孩子们将信带回家与家长分享，班级群一下热闹起来，大家都表达着收到信的感动。自此之后，孩子们更愿意与我交流了，也更喜欢上我的课。用真诚换真心，真好。

二、言传不如身教

有人说：“孩子是成人的一面镜子，他的行为其实是大人行为的投射。”的确，家长美好的言行可以滋养一颗美丽的心灵，家长要孩子做到的事情，自己要先做到。但是，生活中对孩子提要求了，自己却做不到的家长非常多。个别家长要求孩子多看书，自己却一本不看，甚至在孩子阅读时还玩手机干扰。当孩子以“你不是也没做到吗”来回怼大人的时候，大人却怒不可遏，似乎权威受到了挑战。事实上，就算孩子最终屈服于大人的权威，他内心也是不服气的。孩子们很聪明，家长千万别想愚弄他们。身为榜样的我们，应该向学生传达美好的思想，而不是当个专制的暴君。身行一例，胜似千言。

三、用信任代替恐惧

刚刚当班主任时，个别教师告诉我，第一堂课一定要给学生一个下马威，让他们怕我，只要他们怕我就好管了。我按照这个方法尝试着去管理学生，可是过了一段时间，我发现学生跟我很疏远，甚至不向我问问题。直到有位学生告诉我，因为我整天冷着脸，所以大家都不敢和我多交流。教师为了维持自己的权威，想尽一切办法控制学生，这种现象非常不好。事实上，经过一段时间，我发现“镇住”孩子的效果是治标不治本，当孩子没在我眼下时仍免不了淘气。于是我开始反思、调整，看一些书籍。不久，我从《第56号教室的奇迹》得到了启发。在该书中，雷夫说：“这年头，大多数教室都被一种东西控制着，那就是害怕。”老师害怕自己说的话不管用，没人听；学生害怕老师批评自己，怕被伤自尊。这样循环往复，老师和学生一直被阴影笼罩。

雷夫认为，在教学管理中，以信任取代恐惧更利于教师和孩子维持良好关系。如果你昨天没写作业，你可以告诉我原因，我能接受你没做好的事实，我们可以商量对策好好处理，你不能撒谎，破坏我对你的信任。同样的，我如果制定了奖惩规则，到了孩子们兑奖的那一刻，我却没有拿奖品给你，这就是我的不对，我在打破这种信任之间的平衡。雷夫说：“破裂的信任是无法补救的，除此之外，其他的事情都可以补救。”何不尝试用信任代替恐惧呢？这样的氛围，将造就出更多良好的公民。

四、教学要与社会接轨

该书中，有几个章节分别讲述了雷夫教学数学、地理、科学、艺术方面的故事。他本可以简单教授这些科目，甚至不教，因为这些科目不涉及到测试。但是他认为我们的教学应当是要和社会接轨的，不能只培养考试的机器。学习的目的是以后更好地生活，而不是那一个个鲜红的分数。语文教材的变革，将口语交际、综合实践延伸到社会中去，也正是出于这种考量。

印象较深的是雷夫让孩子做的一项运算。他会让孩子从美国的周数开始，加上一打，加上半个月的周数，除以11，然后给他一个答案。他这道作业，不仅培养了孩子的运算能力，还让孩子时刻关注着社会。这种培养方式引领了教育的方向。

五、培养终身阅读的孩子

阅读，是教育很重要的一环，阅读能力薄弱的学生，不但学科成绩欠佳，也很难体会知识的乐趣。但现实生活中，很多孩子却痛恨阅读，他们更喜欢看画面生动、声音悦耳的电视。互联网高速发展的时代，电脑和手机也成了阅读的绊脚石。为什么孩子痛恨阅读？雷夫以为是社会剥夺了孩子阅读的乐趣。大人们常用“知识改变命运”来激励孩子阅读，我们也将这种理念带到三尺讲台，可是孩子根本意识不到。雷夫说：“我阅读，是因为我喜欢这么做。”“喜欢”是多么纯粹的词，就是单纯地想在书海里遨游。这种由内而外发自内心的喜欢，或许可以让人坚持一生阅读。

为了了解班上孩子的阅读情况，雷夫设计了一个简单的调查问卷，来测试孩子们喜爱阅读的程度。这样的调查真是巧妙，有了这份问卷，我们就可以在了解孩子对阅读喜爱程度的基础上进行因材施教。

那如何让阅读陪伴孩子终身呢？第一，我们要清楚孩子对阅读的喜爱程度；第二，在阅读上要进行分类指导；第三，我们可以让孩子置身于阅读的氛围中，比如家庭教室布置图书角，每周去两三次图书馆；第四，要挑选适合儿童看的优秀作品，以激发兴趣；第五，大人和孩子一起阅读，参与到一本书中，让孩子获得更多温暖。

雷夫说：“乐于阅读的孩子能和身旁的世界产生联系，最后具备超越现阶段想象范围的思考能力。”事实上，阅读的益处远比他说的更多，我相信终身阅读的人将会拥有更美好的人生。

歌德说：“读一本好书就是在和一位品德高尚的人谈话。”是的，读好书，就像结交了良师益友；读好书，就像沐浴在温暖的春风里；读好书，就像发现了智慧的源泉。希望在以后的教学生涯中，我能多读书，把优秀的理念践行起来。

守住拂晓见日出　静待成长护花开

——读怀特海《教育的目的》

陈雪玲

撇开喧嚣，拨开冗务，想要在书海中滤尽浮躁。教育没有回头路，希望我这个孩子已成年的妈妈和有着20多年教龄的教育者的经历与感悟能够带给读者些许的触动。

《教育的目的》是怀特海有关教育的演讲论文集，在书中怀特海主张教育应该充满生气与活力，应该引导孩子自我发展。读这本书，帮助我更好地认识素质教育，经由怀特海的思想审视我自身。

我是一位母亲，我家孩子今年20岁，读大三，曾经也有过不少的“毛病”：特别叛逆期时，大人说一句，他顶一句；周末大家高高兴兴出门，气鼓鼓回家；我常常会因为孩子的顶嘴、不听话觉得自己养了一个不知感恩的白眼狼；我甚至会因为他学习不认真，而被老师叫到学校。那时我经常怀疑自己的教育能力，觉得丢脸——一个老师，连自己的孩子也教不好。时光流逝，孩子已经20岁了，如今的他也完全没有我想象中的那么不堪。他热爱运动，热爱生活，热爱烹饪，对生活充满了期待；他为自己的梦想而努力拼搏，也会设身处地为别人着想。回想过去，我估计很多当妈妈的人尤其是当男孩子妈妈的人都有这样的经历与感受。虽然我们都知道叛逆是孩子青春期的表现，也知道很多孩子都有这样的时期，可是真当事情发生在自己身上的时候，还是有些措手不及。在孩子的教育路上，是非常需要教育艺术的，我很庆幸我没有用简单粗暴的方式来对待他，没有一味地否定他。当我们之间有争执的时候我也尽量地讲道理，实在是不听我也不会强求。我也尽量不去跟他针锋相对，逼他去纠正。而经过一段时间后他也确实意识到了自己言行的不妥。叛逆期的孩子其实也是非常懂道理的，只是一定要在嘴巴上争个输赢，作为父母，如果较真，你就输了。尽量跟孩子交朋友，用朋友间的语气跟孩子对话，给孩子尊严，耐心倾听才能更好理解他们。青春期的父母要学会等待，不要急于求成，只要你用心了，相信我，总会有柳暗花明的一天的。

我是一位教师，我们经常会发现以前小学、初中时期不善言谈的同学，现在能侃侃而谈；以前的留级生，现在找到了让人羡慕的工作；以前经常被老师上课点名的调皮蛋现在过得不错。作为教育者的我们，难免有时会给孩子扣帽子：“你咋这么笨”“你永远都学不会安静”“你永远都这么懒”……经常对孩子这样说话，孩子会以为他就是这样的人，随便怎么努力都改不了这些缺点，也许就放弃了努力。有时我们不知不觉中会成为催促王：“快点啊，是不是要我揍你”“你作业做完了吗”……教育孩子，不要期待立竿见影，静待花开才是我们应该做的，不然为什么有“十年树木，百年树人”的名言呢？孩子的成长需要时间的沉淀。同样，传授知识也需要一个等待的过程。作为有过学生经历的我们，是不是也常有老师讲新课时一头雾水，过几天就突然顿悟了的经历呢？当然静待花开，不拔苗助长也是需要技巧和方法的。也有家长说，孩子还小，等他慢慢成长。殊不知，如果由着孩子的性子来，对孩子们的成长也是不利的，一味地等待成长或是一味地催促都是不科学的。当孩子出现问题时，不要把问题交给时间，时不我待，遇到问题及时处理，思考后寻找合适的方法与孩子沟通，才能让孩子更好地成长。

教育孩子，的确需要有足够的耐心，了解孩子的成长特点，等待孩子成长，用冷静平和的心态看待问题。教育，没有千篇一律永亘不变的方法，针对自己的孩子寻找最适合的方法才是最科学的，只有我们教育者的观念更新了，孩子才能成为最大的受益者。

细品漫谈，已觉真知

——读《教学工作漫谈》有感

邓　丹

今年暑假，在学校读书活动的号召下，我阅读了知名教育家魏书生先生所写的《教学工作漫谈》。这本书让我爱不释手，后悔为什么没在工作之初与它相遇。这本书不像其他教育专著一样理论纵横，长篇大论，需要一定的意志力才能阅读完。魏老师笔下的书，辞藻朴实无华却直入人心，每项工作都再熟悉不过却总能看出传奇色彩，看它犹如看故事书一样鲜活有趣。书中的一个个案例似乎都有自己走过的路、参与的场景，却有着不一样的结局。

在他的眼里，教书除了教课还应重育人、重培养学生的能力。“培养学生的效率感”一章中，魏老师就明确提出：在这个知识陈旧率极高、知识量激增、生活节奏加快的当下，学生的效率对他人生的影响十分重要。要想提高效率，不仅需要在单位时间内增大劳动量，还应该减少无效劳动的产生。

“一分钟竞赛”的案例从活动操作的角度对此进行了阐释。这个活动设计的初衷，是通过定时在一分钟内，要求学生单人或学习小组完成一个任务，然后评比其完成的时间、质量。通过竞赛，可以把大家吸引到紧张有趣的学习活动中，趣味性与竞争性符合儿童认知规律。明确的目标任务、竞赛的情境性和紧张度，不仅可以提高同学们的注意力，还能激发同学们的学习积极性，渗透效率观念，树立竞争意识。

“纸上得来终觉浅，绝知此事要躬行”，树立了效率意识，还需要在实践中固化。在日常教学活动中，每次有非常规性的任务时，班级在事前都会定计划、定程序并且落实到数量的核定，共同商定任务完成时间。15分钟大扫除、一分钟调座位，训练学生在单位时间内迅速行动、合理规划自己的行动方式和路径。通过一段时间的训练，学生做事有了效率，对时间规划很在乎。正是合理的计划，持之以恒的习惯，不断反思总结后创造的效率魅力。

孩子免不了犯错，犯了错当然要及时纠正，进入教师行业的5年光阴中，面对孩子们的错误我依然有束手无策的时候。看了“犯了错怎么办”这一章，我茅塞顿开。他并不是严厉苛责也不是一味地说教，而是通过“写说明书”。“说明书”通过描绘出心理活动的3张照片的方法，提高了孩子自我教育、自我管理、自我约束能力。从孩子自己的内心深处，观察自我、分析自我、审视自我。对于没有深刻思想动机的错误而言，“唱歌”“做好事”的方法也让我眼前一亮。之前总认为孩子犯了错定要受了惩罚才能改正，其实不然，犯错的孩子站在讲台上唱歌、做好事有效地减轻了他的压力和负罪感，但孩子并不会产生自豪感，只要他自己明白为何站在那个位置，这样既给了孩子一个改正的机会，也让孩子为班级而服务。特别是“做好事”，在一定的程度上分散了学生犯错的精力，还在一定程度上增强了孩子的自尊心和改错的信心，给孩子正向疏导。

掩卷而立，受益匪浅。该书中，可以读出魏老师“为之计深远”的爱，可以读出魏老师的教育智慧，更能读出魏老师对教育事业的执着与痴迷。魏老师对自己教育工作的不断思索，对学生的宽容和引导，都是他沉淀一生的财富。

一杯好茶需要慢慢品尝，一本好的教育名著需要细细品读。踩着巨人的肩膀，结合班级的实际情况，我将努力感悟探寻科学有效的教育方法。在教学的道路上还有很高的山峰需要攀登，相信只有多看、多听、多学、多思才能在这条道路上走得更稳。

温暖而坚定的爱

——读《正面管教》有感

周 艳

假期有幸读了简·尼尔森的《正面管教》，我收获颇多。作者从多方面讲了什么是正面管教，正面管教应该怎么做，正面管教能够达到什么样的效果，如何才能做到真正的正面管教。书中用了很多详细的例子，有自己的、有朋友的、有家长的，全面地论证了正面管教所带来的影响。

《正面管教》的一个主要观点是“和善而坚定，既不惩罚也不娇纵。只有当你和善又坚定时，和善能抵消过于坚定所造成的所有问题，而坚定则能抵消过于和善所造成的所有问题。”他以相互尊重合作为基础，把和善与坚定融为一体，以此为基础，在孩子自我控制的基础上，培养孩子的各项技能。他还提倡父母不要替孩子做本该他们自己做的事、对孩子过度保护、给孩子买太多东西、包揽孩子遇到的问题等，这些都是对孩子的一种伤害。它还强调说最惹人讨厌的孩子，往往是最需要爱的孩子。

在学习和生活中，我们可能有这样的习惯——说教。当孩子犯错时我们往往会说你怎么回事，我都给你说了什么什么，你为什么不……或者直接告诉他你怎么怎么样，应该怎么怎么样，我们习惯性的说教，容易打击孩子。书中告诉我们应该以尊重的方式来解决，要避免由你来告诉孩子发生了什么事情以及应该怎么办。我们可以采用一些启发性的问题：“发生什么事情了啊？你认为是什么原因呢？你觉得你现在可以用什么办法来解决呢？从中学到了怎样能避免以后再出现同样的情况吗？”用和善而坚定的语言和孩子交流，能够避免孩子的抵制和反叛。我们有时候觉得是在用正面管教的方法教育孩子，其实并不然，很多时候我们在教育过程中只是披着正面管教的外衣，依旧在用着惩罚说教的方式处理。有的家长或老师错误地认为，孩子不为自己的错误吃点苦头，就不能够得到教训，就不会有所改变或者收获。

该书还有一个我很喜欢的观点就是“赢得”孩子而不是“赢了”孩子。“赢了”孩子是指大人用惩罚、说教甚至控制的手段战胜孩子；而“赢得”是大人维护孩子的尊严，用尊重的态度对待孩子，就是和善而坚定地对待孩子。这两种方式虽然只有一字之差，但是结果却是大不相同的。“赢了”孩子让孩子变成失败者，而这种失败往往会导致孩子盲目顺从或者是反叛，这两种情况都不是我们解决问题时想看到的结果。而“赢得”孩子则会让孩子心甘情愿地参与和合作，美好地解决问题。要“赢得”孩子就要做到友善，尊重和关心孩子。如果做不到你就只能“赢了”孩子，孩子在心里对你是不满意的，他到时候是不愿意和你交流沟通的，这样会使你和孩子的关系更加紧张。“赢得”孩子，彼此尊重才能让你和孩子的关系越来越轻松，越来越愉悦。

俗话说“书中自有颜如玉，书中自有黄金屋”，对于家长和教师来说读书是有必要的，只有不停地阅读，我们才能了解时代的变化，了解孩子的变化，知道孩子在想什么，知道我们需要具备什么技能，知道什么才是孩子真正需要的。

张开耳朵倾听

——读《倾听着的教育》有感

晏　丽

李政涛教授《倾听着的教育》开篇有句话，“教育的过程就是教育者与受教育者互相倾听与应答的过程”。看似简单的一句话，却道出了倾听与应答的重要性。

一、我们真的听到了吗

如果不读这本书，很多人一定会认为自己很会听。其实，大多数人是在“选择性倾听”和“验证性倾听”，也就是在“排他性倾听”。试想课堂中有没有这样的表现：一是特别喜欢倾听那些拔尖的学生、精英的学生、班级里支持率高的学生，甚至是长得可爱的学生，在我们心里默认他们说的话就是好听一些。二是特别关注班上调皮的学生、刺儿头的学生，对他们总是特别关注，生怕忽略了他们会影响课堂教学进程。但还有一大片其他学生，他们的声音又到哪里去了？倾听的意义应该是“全纳教育”，我们应该把教室里所有孩子的声音都纳入我们的耳朵。

作为教师，我们的倾听不应该根据自己的喜好而进行。喜欢的认真听，赞同地听；不那么悦耳的声音我们回避听，我们关上心门听。这样做的后果是：看似老师在听，实际老师的思想已经“板结”，与学生不能形成良好的沟通，也听不到学生真正的心声。

二、我们真的会倾听“学生的声音”吗

教师的听是需要智慧的。书中提到孔子的倾听是属于“因材施教”的听，苏格拉底的听是属于“启迪者、发掘者”的倾听，陶行知的倾听是属于“邀请式倾听”，这样高水平的倾听对教育者而言有着很高的要求，需要丰富的“倾听智慧”，当然这是一名教师不断提升和历练的追求方向。

那么，我们到底听学生的什么？

倾听学生的欲望与需求，倾听学生的情感，倾听学生的思想，倾听学生的疾病，倾听学生的差异和区别，倾听学生与他人的关系。当学生对你有倾听需求的时候我们要做到：接纳与平等、专注与警觉、鉴赏与学习、执着与冷静、参与与体验。原来，倾听这个词，包含如此多的技术与艺术。

三、我们真的会倾听“专业的声音”吗

平时我们总会感慨，同样是听课与学习，为什么总比别人学得慢，或者没有收获？

关键的问题是你倾听了吗？你怎么倾听的？你听了之后呢？

叶澜教授有个非常值得学习的习惯，不管在什么场合听别人发言，总是用笔认真记录下别人的语言，并做出积极的回应，从不接电话，从不回信息，倾听专注度极高。

李政涛教授在和叶澜教授一起学习后，总会把自己的发言与叶澜教授的发言放在一起，比较后反思自己与叶教授的观点有什么不同之处和相同之处，就相同之处，他会好奇叶教授是从哪里出发来谈的，就不同之处，他会思考有什么值得学习的，并将其总结在自己的笔记本上。

在每次教研课后评课，李教授都要求教师进行“二次反思”。所谓“二次反思”是指上课者听了教师的点评之后，马上作出具体的回应：我听到了什么，感悟到了什么？哪些观点和建议给我很大的启发？哪些建议在我的后续教学重建中可以直接运用？这样做有助于培养上课教师“一对多”的回应。同时，养成仔细倾听他人的习惯，并及时思考、捕捉信息，而不是上完

课后就处于放松状态，别人说什么都无所谓的态度。

当我学会了在每一次交流与学习中去认真倾听，不断地总结与提炼，思维品质也会随之提升，专业水平也因此而不断提高。

四、如何培养课堂中的“倾听智慧”

很多教师不明白为什么名师的课堂总是精彩纷呈，学生妙语连珠，难道是因为大家的学生要优秀一些？难道是因为大家的课要设计得精彩一些？其实不尽然，很多精彩的回答都是学生现场产生的，但现场的资源不是每一个教师都能抓住，想要生成新的精彩，大家还要有超于常人的“倾听智慧”。

教师不会倾听是一种缺失。“倾听智慧”不在于更多的听，更在于听之后的化，在这个意义上，“倾听智慧”就是生成智慧，就是转化智慧。李教授总结了转化生成的“倾听智慧”的几大策略。

（1）织网式倾听：把听来的点状、碎片化的信息和话语织成一张结构之网，包括知识结构之网、方法结构之网等。

（2）滚雪球式倾听：把个体资源变成全体资源。把听出的来自于某一个学生的亮点或精彩资源，如一个好的思考问题的视角或解决问题的方法，变成所有的人的亮点和共享的学习资源。

（3）刨坑式倾听：把浅层资源变成深层资源，听出学生话语背后的深意。教师的每一次倾听与回应都是对学生的一次次纠正与提升。

（4）扭转式倾听：把错误的资源变成有益资源。不急于评价，避免造成个体替代群体。对于答错的学生依然要鼓励，让学生自己寻找错误及其根源。

这些策略也需要我们在平时的课堂教学中不断地去摸索，不断地去实践。

五、学生的倾听能力需要不断训练与强化才能形成

学生的倾听能力是影响学习效果的一个非常重要的因素。激发倾听兴趣

的基本原则是：调动多种感官、给予学生刺激与挑战，适时进行针对性评价与反馈。教师要培养学生的倾听能力可以从以下6个方面入手：1.通过“提出问题”激发学生倾听。2.通过“肢体动作”激发学生倾听。3.通过“讲述故事”激发学生倾听。4.通过“评价机制”激发学生倾听。5.通过“榜样示范”激发学生倾听。6.通过“方法指导”激发学生倾听。

那么，可以教给学生哪些倾听方法呢？1.明确“倾听任务”。2.细化“倾听要求”。3.开展“倾听讨论”。

在教方法的过程中可以采用“教结构用结构”的方式推进。所谓“教结构”就是在课堂的前段教给学生“方法结构”，就是把零星、点状、碎片化的方法“结构化”，注意不同方法之间的关联、衔接、转化。那么要关注以下6个方面：方法要有讨论；方法要有总结；方法要有运用；方法要有评价；方法要有提醒；方法要有重建。

我们的教育需要高质量的倾听，我们的教师是否有倾听的敏感、意识，具有怎样的“倾听能力”和“倾听习惯”，是教育能否成功的起始所在和关键所在。

学做一个好老师

——读《给教师的5把钥匙》有感

周冬梅

阅读之美，美在感悟；阅读之美，美在温故知新。今年寒假，我有幸读到了常生龙先生的《给教师的5把钥匙》一书。该如何做才能成为更好的教师呢？常生龙先生给大家推荐了5把钥匙，分别是：拔高一层看教育，千方百计提升自己，有一颗学生的心，遵循学习的规律，保持积极的心态。我用了4天时间看完这本书，看到后面，越看越停不下来。

一、上好开学第一课

对于每一个学生来说，新学年是一个崭新的起点、一个新的开始。上一学期已经过去，所有的孩子又在同一个起点之上了。老师不要过多地谈以前的问题，要让学生保持乐观的心态。

三年级上期的开学第一课，我是这样上的：首先告诉学生，过往的都一笔勾销，我们的目光要长远一些，不要始终放在过去的成绩上。学生听了很开心，大声说：周老师是全世界最好的老师。然后我给学生说了这学期的奖励办法，课堂表现和作业完成情况好的可以获得“免做作业卡”，这里的课堂表现和作业完成情况要通过全班同学认证，不是我说了算。然后接下来一周，孩子们都认真听课，争着回答问题，高质量完成作业，都想第一个拿到“免做作业卡”。班里规定了每周四中午可以兑换“免做作业卡”，学生都在期盼着星期四的到来，因为都想第一个得到这份荣誉。第二周星期四的中午，学生吃完饭，早早地收拾好就满怀期待地回到了教室。有4位学生得到了第一轮的“免做作业卡”，我给孩子们合影留念，他们简直太高兴了。小朱同学差一点点得到，不过他一点儿也没有灰心，当场在我面前许下承诺，下周一定得到。过了两天，小朱的妈妈给我说，孩子这学期的学习劲头太浓了，以前他从来没有这样过。后来越来越多的学生得到免做作业卡，这个活动我们一直坚持到了期末，收到的效果很不错，学生的书写进步了，上课的听讲习惯也变好了！

二、批评和抱怨解决不了问题，始终保持一颗童心

学生犯错误是正常的事情，教师和家长不能当众让孩子难堪，要培养孩子对自身行为负责的好习惯。

小白是我班一个习惯不是很好的学生，老是喜欢用铅笔做作业，字又写得大，并且不工整。去年开学后两周，他像变了一个人似的，作业有很大的改进，这是因为我不批评他了，经常和他讲道理，认真和他讲应该怎么做，他在这学期就一直保持得不错。不要老是批评孩子，而要找他们小小的闪光点，狠狠地表扬，他始终会有一些变化。就像是书中提到的“鸡吃米”的故事，按住它的头，它反而不吃，放开让它自己吃，可能效果更好。

吃完中午饭，我和孩子们敞开心扉，聊天聊地聊心事。小盆子说：“我喜欢吃肉，要请打饭的同学给我多来两块瘦肉。”小狗狗说：“我回家要先带弟弟玩会儿，弟弟可喜欢和我玩儿了。”左左说：“妈妈给我剪了一个失败的发型。”婷婷说：“周老师就是我的老大，你给我妈妈说一下让她不要每天都骂我嘛，她要听你的话的！”……他们喜欢以这种方式和我聊天、讲心事，我也愿意作为一个倾听者，作为他们成长路上的一个陪伴者。

三、课后及时反馈

每当孩子们完成作业后尽量面批面改。我是这样做的，早上7:40，我在

教室里走来走去地改作业，大概走个三圈，孩子们来齐了，作业改完了，二次批改也完成了，下午延时也是这样做。这是我从一年级养成的习惯，经过两年半的坚持，效果很好，孩子们不会遗留太多问题到下一课的学习中。

四、培养阅读的习惯

常生龙先生认为“一个不读书的教师是不会成长的；一个不读书的教师，是教不出会读书的学生的”。“多读书”是我看了这本书后最大的感受。常先生这样的大忙人都能够抽出时间阅读和写作。我一个小小的一线教师，为什么没有时间看书呢？每天有玩手机的时间，却没有时间看书，这有点儿说不过去吧？用看手机的时间看书多好呀！我5岁半的女儿说：“你都在看手机，却不让我看电视。”这让我无言以对！后来我看书，她就在旁边认字，看她喜欢的绘本，这样怎么不好，我开始为自己的孩子做一个好榜样，我相信只要我能够坚持，她一定也能养成好的习惯。

用常先生的话结尾：每一位教师，都应该有“终身学习”的信念，只有自己坚持不断地学习，才能成为孩子的榜样，让他们养成良好的习惯，以应对未来社会的各种挑战。

后记　阅读的立场与写作的灵感

自文字出现，阅读便与之同体。当知无阅读，便无创造。无创造，便无书写。无书写，便无传承。无传承，便无历史。那么，知识便会消亡、文化便会中绝、历史便会停止。一个人的精神，在情感、意识、思维，而历史既是活生生的生命存在过程，又是人的精神品质（忠、信、仁、义、善等）的浓缩体现。而阅读，则是历史和精神得以延续的关键。

战国时期魏国宰相惠施有书五车，彼时，读完刻在竹简上的五车书籍便是饱学，能入庙堂为官高至宰相，能坐学堂论道成一学派开山鼻祖或主要代表人。晚唐时期杜甫读书万卷，下笔如有神助，但他做的最大官职却是左拾遗。读书多少不能决定官做多大，但却可以让人听凭自己内心真诚的直觉，从而“脱去胸中尘浊”，去走一条更为诚实且积极奋斗的路。随着历史不断延长，越来越多的书籍被流传下来，更有各种新书源源不断地出版面世，寰宇之内书籍浩如烟海，读书五车，读书万卷已经成为一个理想。正应了庄周所说：“吾生也有涯，而知也无涯。”（《庄子・内篇》）故读书不必多，理解、体悟、运用、实践、转化、创造，自成境界更为重要。

今天借四川大学西航港实验小学《从阅读走向诗意的远方》再述关于读书的几个问题：

第一，阅读的一些方向。

第二，写作的灵感。

第三，写作的生活与向上创造。

第四，阅读与写作的责任。

一、阅读的一些方向

阅读文化典籍。尽可能涉猎不同领域的代表性作品。有人喜欢古典文学，对《离骚》《聊斋志异》《儒林外史》《红楼梦》感兴趣；有人喜欢历史，对《史记》《汉书》《资治通鉴》感兴趣；有人喜欢哲学，对《周易》《道德经》《论语》感兴趣。不论是哪一类，经典的传世之作应该在阅读计划之内，这对我们知识体系的完善有极为重要的助益，它能帮助我们在知识储备方面不断增进，在眼界见识方面不断延长，更为人生发展的高筑巩固坚实基础。以文化与历史的演变进程来看，阅读可知道一个观念如何产生，如何作用社会与大群，又如何发展凝融。比如，关于人生价值的问题，《孝经》讲："天地之性，人为贵。"（《孝经·圣治章》）人之所贵在于人有善的情感。荀子讲："人有气，有生，有知，亦且有义，故最为天下贵也。"（《荀子·王制》）这是水火、草木、禽兽所不尽数具备的，恰恰人能同时兼有这四者，尤其是道德意识与价值取向，所以在众多生命中最贵。汉代以后，在宋朝，非常强调"三纲"，它否定人生价值与个性自由，经学家罗从彦说："天下无不是的父母。"朱熹的学生在之后又加上一句"天下无不是的君"，更是绝对了父与君的地位和权力，将父与君凌驾于普通人之上，这是封建地主阶级贵中有贵的阶级意识产生的作用。明清之际，王船山认为，"天下无不是的父母""天下无不是的君"是妄论，应该敬处，大是大非面前为他们（君与父）而牺牲没有必要，为民族与国家牺牲才是必要。近代历史上，教育家陶行知指出："既不做人上人也不做人下人，而要做'人中人'，要把自己所学得的东西贡献给老百姓。"人是集体中的人，更应该与周围人平等共处，且还需利济他人。观念的背后是社会意识与社会发展的体现。读文化典籍的好处之一就是我们能把自己与知识内容置身于历史演变的过程中理性辨析，使人有海纳百川的胸怀，修得一颗清澈通达心。

阅读人物传记。从先贤与典范人物身上频望旷野人生。什么样的人值得立传？从故事本身来说，每一个人都值得被书写立传，只要他（她）有故事可以讲，确保情节跌宕、过程完整、细节饱满，能撼动人心就有被立传的资格。从社会学范畴的角度看，是那些对社会做出深远影响的“重要人物”，他（她）们代表了一个社会群体或时代发展中一代人的精神特质，抑或他（她）们改变了社会认识与历史潮流，非“普通人”那般仅有故事，还有“普通人”故事之外的社会贡献。此外，还有一种，直接作用于社会事件的“普通人物”，他（她）们是社会事件的因，起着推波助澜的关键一步。所以这些“重要人物”就被书写推举出来，让更多在人生之路攀缘的“普通人”朝着这些“重要人物”靠近，直至成为或超越彼时的“重要人物”。粗浅看，我们阅读“重要人物”的传记是消遣时间，实则是学习他（她）们身上可贵的精神品质，当越来越多的人具备了这些品质，个人的进步与社会的进步就在永无至歇地往前。

阅读原著与全集。教师的教育教学工作在一定程度上也属于学术研究的范畴，凡有志从事学术研究的教师建议阅读原著，尤其是教育类作家的原著是必走的一条路。若有余力，可在此基础上选定几位教育家的全集作品进行系统阅读。一方面是深刻把握教育论的观点、方法、体系，以及该教育理论如何产生、实践、发展、修正、完善、明确的整个过程。另一方面则在这动态过程中掌握科学的理论研究方法、实践印证方法，还有其中殊议，形成自身的认识与判断，应用与创新。在读原著与全集的过程中，扎实学习、潜心研究的能力是随之发展的，唯有经历了此番过程，才能实实在在地体验到前人在此实践与理论中的贡献与努力，以及背后蕴含的精神价值与历史价值，个人奋力走实的路径何在。

在中国近代历史上，“万世师表”陶行知是教师绕不过去的阅读对象，他是“伟大的人民教育家”，伟大在何处？开创了中国教育学本土化重要的理论——生活教育理论；推行平民教育运动、普及教育运动、国难教育运动、民主教育运动；孕育“教学做合一”“小先生制”“艺友制”等教学法；促成了南京高等师范学校首次招收女学生……陶行知的伟大更在于他用实践证明了中国的教育自信、文化自信的根系所在，跨时空地回答了习近平总书记“用中国理论解读中国实践”的呼吁。用陶行知研究专家姚文忠教授的话即是“做学问必须担当本国责任，通本国渊源，具本国气质。一种思想理论反映本国学术渊源，运用本国学术经验就具备了本土化品质”[①]。这也是我国教师发展、学校发展、教育与学术发展的根本路径。四川教育出版社出版的《陶行知全集》有近一千万字，涵盖了陶行知的教育论述文章、诗歌、日记、书信等内容。阅读原著与全集可以最大程度地了解一个人，看到他在青年、壮年、中年、暮年各时期思想认识的转变，以及在何背景下因何人何事影响变化，对于我们全面认识事物有详尽的参考价值。因为学问都是一点一滴、一代一代传承中积累下来的，所以很多的创新与发展都需要借鉴前人智慧，这是碎片阅读所不能带来的。

二、写作的灵感

阅读与写作是不可分离的，两者应为一体，读是为了更好的写，写是为了读走向更深处。就像法国社会学家涂尔干说的：“想要学会写作，不能光靠阅读，自己也得动笔。伊拉斯谟说，手握之笔就是写作技艺最棒的老师。”[②]狭义的阅读专指读书；广义的阅读不仅兼有狭义阅读的内涵，还有写作、思考、融汇、转化、研究、辨析、推敲、实践、养成等内容，是一个人的入世与出世，学习不止的行进过程。我们这里所谈的主要是广义阅读。

当代著名文学大师王鼎钧在谈写作的模仿时说：“作家要先找到一个权威、一个教父，然后一笔一画地学他、亦步亦趋地学他，直到你学到跟他十分相似——似父。然后，你得离开他，企图超越他，在艺术上背叛他——弑父！另外去找一个教父，再一笔一画地学他，亦步亦趋地学他。经过转益多师，你成家了，创新了，你就是权威、就是教父了——是父。然后呢，大概就是你每天坐在讲台上，等人家来‘弑父’。”[③]写作初期，我们还没有形

① 成都市陶行知研究会.《给老师和家长的建议：陶行知教育小故事》［M］，成都：成都时代出版社，2020：5.

② 涂尔干.教育思想的演进［M］.李康，译，北京：商务印书馆，2016：290.

③ 王鼎钧.灵感五讲［M］，北京：商务印书馆，2022：35.

成自己的写作风格，这时找一些好的范例作为参考是有必要的，这也是我们在学生阶段大量阅读文献的目的之一，好的文献能在视角切入、议题引入、文章结构、阐释方法、素材运用等方面提供一个方向，以此为参考，好的文章就能手把手教我们快速入门。刚开始写文章，尤其是仿照范式写，写什么都有谁的影子，参照与动笔多了，实践与经历丰富了，融合与创造也就增强了，此时的作品也就慢慢有了显现写作风格的基础，眼高笔健的能力也在锤炼中养成。

苏联教育家苏霍姆林斯基出生于贫困家庭，学成与执教皆在农村学校，他的教育实践与理论也是从农村教育的事业中孕育出来的。1935年，17岁的苏霍姆林斯基开始在一所农村小学任教，后来又被调入曾在战争期间遭到严重破坏的十年制普通乡村学校帕夫雷么中学教书，条件的艰苦可想而知。十余年间，苏霍姆林斯基担任这所学校的校长，一直到1948年逝世。我们今天熟知的他的很多经典教育著作都是他在这几所农村学校写成的。在长达30多年的教育生涯中，他就一边创造性地从事教学工作，一边脚踏实地地坚持教育实践研究，写出了40多本专著，600多篇文章。这些内容，总括相当了然，但过程的艰辛与他思想的内涵非阅读原著与全集不可。至于苏霍姆林斯基为什么能笔耕不辍地写出这么多文字，现实材料的刺激和思维的活跃是很重要的，时时有随想，事事有思考，这才是他写作灵感不枯不竭的本质之一。所以，写作既需要灵感，也需要趣味，我们对这件事有亲切意思，有浓厚兴趣，则这件事一定可以做得积极。

当代著名学者、思想家韦政通的写作与学术思想道路也能为我们提供一些参照。韦政通的家庭以经商为主，生活的家里没有一本书，家族当中几代没有出过一个读书人，生活的地方十几华里也没有一个重要的读书人。偏偏就是这样的环境刺激了韦政通，让他有了对知识学习强烈的欲望，势与那个没有书、没有读书人的环境作斗争。韦政通16岁被家人送到上海后进入私立大同中学读了四年书，后凭借自身的努力考入光华大学，父亲却在此时告诉他书读完了要回家管店，他不愿意，遂离开上海。之后，韦政通当过钱庄学徒，开过速记班。在速记班里他认识很多新闻界的朋友，由此做了记者。在辞去记者职务后，他又隐居山区自学，三年多的时间里，阅读与写作就成了他每日的必修功课。向《人生杂志》投稿认识了王贯之，向《民主评论》投稿认识了徐复观，向《民主潮》投稿认识了劳思光，文字的因缘让他认识了众多良师益友，慢慢走上学术研究的道路。1958年，又在徐复观先生的帮助下，以著作鉴定获得了教师资格，开启了数十年的教学生涯。讲学的缘故，也使得他在两岸学术交流上作出了贡献，1988年的祖国大陆之行，让韦政通成为最早回祖国大陆讲学的学者之一，之后参加各种学术会议、学术讲座更是频繁。在半个多世纪中，他创造出30多部、600万字的学术、思想与启蒙方面的著作。

韦政通的学问很多靠个人阅读与写作的自学。看他编撰《中国哲学辞典》（吉林出版集团）的经历，我们就能窥见他治学的态度。首先他要通读经典，编分类索引。比如孔子讲“仁”“礼”“信”“义”的内容有多少处，在各处不同的含义是什么，就这样一本一本地做索引与标记，如此才可以知道他们主要的思想，核心的观念，关心的主要问题等内容。其次，把当代所有同类的著作都阅读一遍，比较他们书中的异同，然后写书评，吸收优点，避免缺点，在这个基础上再思考自身著作的立足点与价值。最后，借鉴前人的研究方法具体落地，在这个过程中，他还编成了《中国思想史方法论文选集》。编《中国哲学辞典》时，韦政通索性闭门不出，决心弄一本大书出来，时常每天工作16个小时。后来殷海光说他“严重工作”，他也确实“严重工作”了六十余年。在无声处研究学问，静默处沉淀思想，映射了一个学者实然的平淡生活，更让我们在今天有机会通过这本书看到一个学术耕耘者的深厚学识与不移品性。就如韦政通所言：“这种痛苦的经验，到后来都是美妙的回忆。”[①]

① 韦政通，《知识人生三大调》［M］.北京：中华书局，2011：34.

三、写作的向上创造

写作涵养生命的朝气。梁漱溟讲："经过人世环境的熏染锻炼，以致世故日深，他便懒于作为，只图享受，真情日薄，趋避愈巧。"[①]如何抵御身体衰弱致使生命朝气退减的困境？写作的锻炼是方式之一，它让我们保持观察力的深邃、想象力的活跃，乃至精力、精神的年轻，意志的刚强勤奋。当下的教育界有不少年岁较长仍长期坚持写作的老师，刘道玉、于漪、成尚荣……越数越多。他们对于写作、思考、提问的坚持，为中国教育发声的可敬精神让人肃然起敬，其治学、治事的态度就立在那个地方供我们审量学习。

写作蕴蓄生命的智慧。写作的真正意义并非获得外界的殊荣，而是在不断写作的过程中改造自己实现自身修养的提升，这种修养我们称之为生命的智慧。什么是修养？梁漱溟以为修养是一种认识的功夫，既是认识自己的力量，又是认识他人与社会的力量，要有此番修养的功夫，非思想的自觉和头脑的清明不可。什么是智慧？借用怀特海的论述即是，"通过一般原理可以理解他生活中所充满的各种事情""一般文化教育的任务是培养活跃的思维，专业教育的目的则是运用活跃的思维"。[②]如此智慧才能有点化生命的作用，既引导人认识问题、解决问题，又扶助他往人生正道上走。写作起于感性认识，但止步于感性认识行文不一定有学理与智慧，借助理性认识方能深思省察，从而知晓种种弊端找到应对环境的方法。所以，生命的智慧又藏于写作的理性认识中待我们挖掘。

写作陶养生命的自觉。关于自觉，《论语》中提到"吾日三省吾身""见贤思齐焉，见不贤而内自省也"，"省身""内省"都有明确强调回顾自身、检查自身、审视自身；梁漱溟认为，人有了自觉，才能不像物件或动物，彻底拜托机械性，而机械性恰是指"愚蠢而不能清明自主，像完全

① 梁漱溟·我的人生观［M］.北京：当代中国出版社，2013：121.

② 阿尔弗雷德·诺思·怀特海.教育的目的［M］.赵晓晴，张鑫毅，译，上海：上海人民出版社，2018：3，13.

缺乏了自觉的在那里转动而言”，[1]这是人与物件、动物的根本区别，也是人类一味机械性转动的最大可怜，而中国人之所谓学养也就丧失掉了；哲学家张岱年理解的自觉是“具有独立人格的人”“对于人与自然的关系以及人与社会的关系都有正确的认识”。[2]以此观之，自觉与人格、学养息息相通。教师的工作往小说是授业布道，往大说是立德树人，前者把书上的知识讲透给到学生任务便算完成，后者则需要依据现实的材料旁征博引，唤醒学生对道德人格的认识，进而走对自己的路，成为有品行、有精神、有气节、有灵魂的人。写作就是一个不断深入认识理性研究的过程，写的越多，观察愈深，认识愈到位，生命的自觉也在当中有心思与力量。

教师写作的素材应取自现实生活与师友学生。我们生活在一个环境中，受环境的作用，又作用于环境，与环境自成一体，又在一定程度上表现着环境，故改造了自我就改造了环境（同事、学生）、改造了社会。陶行知倡导生活教育，要用好的生活让我们受好的教育，一个班级、整个学校就是一个团体，各种力量此消彼长，善的力量强大而蓬勃，身处环境中的人自然往上走；坏的力量繁杂而野蛮，环境中的人就在无意识中日益下坠。教师作为教育现象的观察者、教育生活的记录者、立德树人的实现者，尤要以发现为前提，把学校生活中好的素材运用起来，为学校环境中向善一面铺垫基础，使其生活在此环境中的人受濡染，稳固人类生命美好的底色。

四、阅读与写作的责任

“书卷气”是教师身上的重要特征，是教师学习力的体现，亦是读书人的气度、气质、风格。经年累月，“书卷气”又会通过一个词来总括，涵养。“书卷气”总是与博学、雅正、温润、谦卑、兼爱等人类普遍的美好品质交融在一起，自然也有世代中国知识分子积极入世、利济他人、改造社会

---

① 梁漱溟.我的人生观［M］.北京：当代中国出版社，2013：59.

② 张岱年.中国国学传统［M］，北京：北京大学出版社，2016：71.

的紧密联系。其内里是坚韧、贞固、宏阔、深湛、通达、明澈的力量。这样看来，“书卷气”并非显而易见，其实不然，“书卷气”给人的印象则直接通过社会大众对老师的评价一语道出：教师谦逊有礼、博学兼采，教师的优良品质在学生身上有迹可循，教师对学生尽到了教导之责任……涵养“书卷气”最朴素的方式便是阅读与写作。

在《从阅读走向诗意的远方》中，教师们一面通过阅读提升自己的专业修养，一面用阅读反思自己对教学、对学生是否尽了心。翻开这本书就能感受到，学校多年来一直是把阅读当作一件很重要的大事坚持推进，阅读与写作是全校所有教师都全身心参与的事业，它的益处直接体现在课堂、教学、班级治理、教师专业发展等各个地方。我们更看到了四川大学西航港实验小学对教师精神书房的添砖加瓦。

教育有四个层次，应试教育、素质教育、文化教育、精神教育。若把读书放在教育所属的这四个层次中，便具有了不同的指向：应试教育强调的读书是背书，背所谓的知识与概念，读书的唯一目标是做题、考试、比赛、成绩、升学，属读死书；素质教育强调的读书是在读书的劳逸平衡中发展心智与个性，将书本的知识与生活的经验运用检验，属读活书；文化教育强调的读书是把自己置身于历史文化中，受此熏习，在深邃的文化中汲取养分，让学生成为一个有深厚文化学养、高尚道德品质、坚定文化自信的人；精神教育强调的读书是读有字之书与无字之书的精要，凡属有益的物质资源与精神文化资源皆读而用之，理性思维亦在此过程中形成，由此内化成民族气节、家国情怀、责任担当。

当然，我们不能说应试教育的读书完全不可取，也不能说文化教育与精神教育的读书是唯一，应把四个层次中的读书贯穿地看待，应试教育的读书为将来知识的运用打下记忆、生发的基础；素质教育的读书为知识的创造转化打下实践、完善的基础；文化教育与精神教育的读书则为知识传世与外化打下思想撼动力、精神感召力、行为启牖力的基础。所以，将它们的内容贯穿结合，更能使学校教育培养的人具有扎实的基本功、创新的实践力、完备的生活力，活跃的精神力，全面推动我们的阅读教育走向高质量发展。

我们所处的时代是一个经济与物质交相叠合的社会，碎片化的阅读更是挤占我们仅有的可怜时间，远不能满足我们的长期需求，故我们要阅读原著、筛选经典，以充实自己的头脑，提升自己的思想，从科学实践、理性认识的角度把握其精准要义，以指导当下并建设自己的学识系统。“学术者，一国精神之所寄。学术衰，则精神怠；精神怠，则文明进步失主动力矣。故学术者，社会进步之基础也。”[①]教师是“经师”，更是“人师”，故应当朝着“学术者”努力，以理论研究之方法、科学应用之践履、人文启牖之温暖、精神愉快之趣味来发展个人和社会、国家之活泼。

邱滋培

《行知纵横》副主编、“大成陶书”副总编辑，成都市陶行知研究会学前教育专业委员会秘书长

2023年11月21日

① 马勇，黄令坦编，蒋梦麟卷［M］.北京：商务印书馆，2018：49.